南粤古驿道著名古建筑 3D 数字化图录

Famous Ancient Buildings on South China Historical Trail 3D Digitized Catalogue

主　　编：陈朝阳　黄燕鹏　冯文成　许岳松

主编单位：广东省建筑设计研究院集团股份有限公司
　　　　　广东省建筑设计研究院集团股份有限公司南粤古驿道研究中心
　　　　　广东省工程勘察设计行业协会岭南建筑分会

中国建筑工业出版社

图书在版编目（CIP）数据

南粤古驿道著名古建筑 3D 数字化图录 = Famous Ancient Buildings on South China Historical Trail 3D Digitized Catalogue / 陈朝阳等主编. -- 北京：中国建筑工业出版社，2024.6
ISBN 978-7-112-29808-2

Ⅰ.①南… Ⅱ.①陈… Ⅲ.①古道-文化遗址-数字化-广东-图录 Ⅳ.①K878.42

中国国家版本馆CIP数据核字(2024)第087560号

责任编辑：费海玲　张幼平
特邀策划：叶　飚
封面设计：王梓钊
封面照片：广州陈家祠（叶飚　摄）
翻　　译：黄健茵　何　炜
版面设计：叶仲轩　董迪雅　王梓钊
责任校对：王　烨

主　编：陈朝阳　黄燕鹏　冯文成　许岳松
撰　文：孙方婷　孙礼军
3D数字化制图：谢周利　张广凤　郑俊扬　彭　荆　蔡广俊
摄　影：叶　飚　冯文成　黄燕鹏　郭伟佳　梁俊杰

南粤古驿道著名古建筑 3D 数字化图录
Famous Ancient Buildings on South China Historical Trail　3D Digitized Catalogue
主　编：陈朝阳　黄燕鹏　冯文成　许岳松
主编单位：广东省建筑设计研究院集团股份有限公司　广东省建筑设计研究院集团股份有限公司南粤古驿道研究中心
　　　　　广东省工程勘察设计行业协会岭南建筑分会
＊
中国建筑工业出版社出版、发行（北京海淀三里河路9号）
各地新华书店　建筑书店经销
广州维图轩广告设计有限公司制版
恒美印务（广州）有限公司印刷
＊
开本：965毫米×1270毫米　1/16　印张：19　字数：424千字
2024年8月第一版　2024年8月第一次印刷
定价：**238.00**元
ISBN 978-7-112-29808-2
(42853)

版权所有　翻印必究
如有内容及印装质量问题，请与本社读者服务中心联系
电话：(010) 58337283　QQ:2885381756
（地址：北京海淀三里河路9号中国建筑工业出版社604室　邮政编码：100037）

前言

两千多年前,一条条通往南粤的古驿道曾在岭南大地上铺陈,编织起以广府为中心,向东、西、南、北四个方向延伸的南粤古驿道线网,水路陆路相通,官道民道结合,用于传递文书、运输物资,人员往来络绎不绝。古驿道连接了岭南与中原大地,使得中国南北文明在岭南地区发生了大规模的汇集、交流和融合,并开辟出海上丝绸之路连通世界。

悠悠两千载,南粤古驿道的马蹄声早已销声匿迹,但古驿道上的车辙却依稀可见,成为南粤古驿道那段历史的见证。南粤古驿道上遗留下来的古建筑更是成为岭南文化历史的瑰宝,历久弥新,光彩绽放。

驿道作为古代重要的交通路线,或为兵家要道,或为通商之途,是千年闻名的活化石,它们作为岭南地区的重要桥梁,见证了岭南地区与中原地区的交流,见证了岭南文化的千年发展。

南粤古驿道上的古建筑曾星罗棋布,像珍珠散落、串连于古驿道之上。南粤先民创作的古建筑种类繁多,涵盖官署、寺庙、庵堂、古塔、学宫、书院、祠堂、民居等,形式丰富多样,风格独特,工艺精巧,地方特色十分鲜明,其中的寺庙和学宫建筑成就斐然,辉煌绚丽。

岭南古建筑中,著名的寺庙建筑很多,凸显出南粤大地深厚的佛教文化传统,广州光孝寺、海幢寺,潮州开元寺至今仍然香火缭绕,经颂入耳,一代代续写南粤佛教文化的历史。

学宫是岭南先民进行文化教育、尊孔祭孔的重要场所,著名的番禺学宫、揭阳学宫等是其中的佼佼者。明清时期,许多南粤有识之士,就是在这里苦读精研,怀揣修身、齐家、平天下的梦想与抱负,考取功名,走入仕途,跻身中国文化发展的大舞台。

时过境迁,历尽风雨沧桑的学宫建筑已不再是莘莘学子求学之地,但岭南先民的优秀文化传统却在此传承赓续。每值开学季,学龄儿童都会聚集于此,举行隆重的开笔仪式,走出人生教育的第一步。

南粤古驿道建筑文化是岭南珍贵的历史文化资源,对展示岭南历史文化景观特色、促进城乡经济发展有着独特的价值。以南粤古驿道建筑文化为研究对象,在保护古驿道沿线历史文化资源的前提下,分析南粤古驿道建筑文化的特殊性,对古驿道沿线的古建筑进行保护研究及开发利用很有必要。

在数字时代,对南粤古驿道上的古建筑作3D数字化记录,是古建筑记录与保护的有效手段,它可以对古建筑进行全方位的记录保存,弥补照片和实测建筑图纸记录的不足,同时可以进一步形成南粤古驿道古建筑数字化资源库,为精细化保护和研究南粤古驿道的古建筑打下良好的基础。

本书选取20个南粤古驿道著名古建筑,以著名的寺庙和学宫为主,依据现场实测图纸及实景照片,绘制建筑的平面、立面和剖面图,再通过3D绘图技术,建立起各著名古建筑的3D模型,对南粤古驿道著名古建筑进行全方位的记录保存,为弘扬南粤古驿道建筑文化略尽绵薄之力。

编者

Preface

More than two thousand years ago, various ancient post roads had been laid out on the land of Lingnan leading to South China, weaving into the network of the South China Historical Trail with Canton as the center extending in four directions: east, west, south and north. The routes of water and land were interlinked, and the roads for government use and civil use were combined to send documents and transport materials where personnel exchange was frequent. The ancient post road linked up Lingnan with the Central Plains, as a result, China's northern and southern civilizations gathered, exchanged and melted on a large scale in the Lingnan area, and the Maritime Silk Road was opened up to connect the world.

For two thousand years, the sound of horses' hooves has long disappeared from the South China Historical Trail, however, the wagon tracks on the ancient post road could still be seen faintly, witnessing the history of the South China Historical Trail. The ancient buildings remained on the South China Historical Trail have become the treasures of Lingnan culture and history, which are still blooming with brilliance and lasting fragrance.

The post road has been the living fossil for thousands of years, as the significant transportation route in ancient times, which was either the military artery or trade thoroughfare. Being the important bridge in the Lingnan Area, the post road witnessed the exchanges between the Lingnan Area and the Central Plains, as well as the development of Lingnan culture over thousands of years.

The ancient buildings were star-studded on the South China Historical Trail like pearls scattered and strung together on the ancient post road. There are a great variety of ancient buildings created by the ancestors of Southern China, including government offices, temples, nunneries, ancient pagodas, schools, academies, ancestral halls, residential houses etc. They are rich and diverse in forms, unique in style, skilled in workmanship, and distinctive in local characteristics, among which the temples and academies are brilliant and remarkable in architecture achievement.

Amongst the ancient buildings of Lingnan, there are many famous temples which highlight the profound Buddhist culture and tradition of the land of Southern China. Guangxiao Temple and Hoi Tong Monastery in Guangzhou, and Kaiyuan Temple in Chaozhou are still vigorous with considerable number of pilgrims coming to worship, continuing to write the history of Buddhist culture in Southern China from generation to generation.

The academies are important places for Lingnan ancestors to have cultural education and carry out activities of honoring and offering Confucius, including the outstanding ones such as the famous Panyu

Academy and Jieyang Academy. During the Ming and Qing Dynasties, through studying in these academies, many visionary Lingnan ancestors excelled in the exams and achieved good results. They embarked on their official career with the ambition of gaining achievements of "self-cultivation, family harmony, and world peace", therefore played the roles on the stage of the cultural development of China.

Circumstances change with the passage of time, the ancient academies which had been through the vicissitudes of wind and rain is not the place for the students any more, but the excellent cultural tradition left by Lingnan ancestors has been passed down to the present. Whenever the school starts, school-age children gather here to hold a grand writing ceremony and take their first step in education.

The architectural culture of the South China Historical Trail is precious historical and cultural resource of Lingnan, which has unique value to represent the characteristics of the historical and cultural landscape of Lingnan and promote the economic development of urban and rural areas. Taking the architectural culture of the South China Historical Trail as research object, it is necessary to protect, research, develop and utilize the ancient buildings along the ancient post road by analyzing the particularity of the architectural culture of the South China Historical Trail, under the premise of protecting the historical and cultural resources along the ancient post road.

In the digitalization era, 3D digital recording of ancient buildings on the South China Historical Trail is an effective technical means for recording and protecting ancient buildings, which can comprehensively record and preserve ancient buildings and make up for the shortage of recording only by photos and measured architectural drawings. At the same time, it also further forms the digital resource database of the ancient buildings, and lays good foundation for the fine protection and research of ancient buildings of the South China Historical Trail.

In this book, we have selected 20 famous ancient buildings of the South China Historical Trail, focusing on the types of famous temples and academies. Based on the on-site measured drawings and photos, layout plan, elevation and section view of the buildings were drawn, 3D models of famous ancient buildings were established via 3D drawing technology, therefore the famous ancient buildings of the South China Historical Trail were comprehensively recorded, by which we could make humble effort to promote the architectural culture of the South China Historical Trail.

Editor

目录

前言

1 南粤古驿道与著名古建筑　　008
1.1 南粤古驿道　　010
1.2 粤海汉族民系　　016
1.3 岭南著名古建筑　　020
1.4 岭南古建筑结构与建筑技艺　　036

2 岭南著名古建筑 3D 数字化图录　　054
2.1 三元宫·三元宝殿　　056
2.2 宋名贤陈大夫宗祠　　070
2.3 海幢寺·大雄宝殿　　080
2.4 国恩寺·大雄宝殿　　096
2.5 妈阁庙　　108
2.6 光孝寺·大雄宝殿　　122
2.7 胥江祖庙·武当行宫　　138
2.8 北帝庙　　150
2.9 昌教乡塾　　160
2.10 开元寺·天王殿　　170
2.11 黎氏大宗祠　　186
2.12 韶州府学宫·大成殿　　198
2.13 揭阳学宫·大成殿　　208
2.14 南雄广州会馆　　224
2.15 纯阳观·纯阳宝殿　　232
2.16 报德祠　　248
2.17 康公庙　　258
2.18 光孝寺·六祖殿　　268
2.19 锦纶会馆　　278
2.20 苏氏宗祠　　290

参考文献　　304

Contents

Preface

1	South China Historical Trail and Famous Ancient Buildings	008
1.1	South China Historical Trail	010
1.2	Cantonese Branch of Han Nationality	016
1.3	Lingnan Famous Ancient Buildings	020
1.4	Architectural Structure & Technique of Lingnan Ancient Buildings	036
2	3D Digitized Catalogue of Lingnan Famous Ancient Buildings	054
2.1	Sanyuan Palace·Sanyuan Main Hall	056
2.2	Ancestral Hall of the Esteemed Official Chen of Song Dynasty	070
2.3	Hoi Tong Monastery·Main Hall	080
2.4	Guoen Temple·Main Hall	096
2.5	A-Ma Temple	108
2.6	Guangxiao Temple·Main Hall	122
2.7	Xujiang Ancestral Temple·Wudang Palace	138
2.8	Pak Tai Temple	150
2.9	Changjiao Village School	160
2.10	Kaiyuan Temple·Heaven King Hall	170
2.11	Li Clan Grand Ancestral Hall	186
2.12	Shaozhou Prefecture Academy·Dacheng Hall	198
2.13	Jieyang Academy·Dacheng Hall	208
2.14	Nanxiong Guangzhou Guild Hall	224
2.15	Chunyang Temple·Chunyang Hall	232
2.16	Baode Temple	248
2.17	Kong Kung Temple	258
2.18	Guangxiao Temple·the Sixth Patriarch Hall	268
2.19	Jinlun Guild Hall	278
2.20	Su Clan Ancestral Hall	290

Reference   304

1 南粤古驿道与著名古建筑

South China Historical Trail and Famous Ancient Buildings

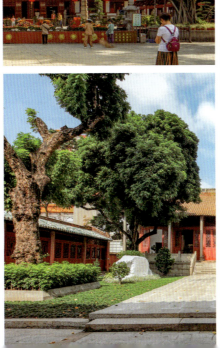

1.1 南粤古驿道
South China Historical Trail

由于五岭的阻隔，自古以来，岭南地区与中原之间交通不便，五岭以南地域一度被称为"蛮荒之地"，历史上中原王朝官员多有贬谪发配至此。唐宋年间被发配到这里的朝廷官员有六百余人，其中就有韩愈、苏轼等大文豪。

两千多年前，刚吞并六国的秦始皇，不惜动用几十万人力，北筑长城，南开灵渠，全国修驰道，开创了高度统一的交通格局。秦末汉初，为了加强对岭南的控制，促进岭南的经济发展，开始逐步修筑通往岭南的驿道。此后，随着南北大运河的开通，经济重心逐渐向东南偏移，南粤驿道修建也越来越频繁。为了拓展疆土，发展商业，历代王朝不断经略岭南，驿道交通日益发达，最终形成以广州为中心，向东、西、南、北四个方向延伸的南粤古驿道线网，成为南北文书传递、人员往来、物资运输以及海外贡使进入中原腹地的要道。

秦汉时期，陆续开辟的南粤古驿道，将岭南地区桂林、南海、象郡首次纳入中华版图，借助南粤古驿道水陆兼备的交通系统，跨越五岭进而实现南北沟通不再是难事。

隋唐时期，南粤古驿道逐步建立起沟通海内外的驿道体系，成为海内外交流的咽喉。广州黄埔古港兴起，晋升为当时中国对外贸易的第一大港。张九龄开梅关，辟大庾岭道，在五岭东面建立起长江水系与珠江水系的连接，为公文传递与商贾、海外贡使进京等提供了极大的便利。

宋元时期，南粤古驿道水陆并举，带动城市街镇兴起，其功能亦逐步由军用向民用转化，大量的民用商品经由纵横交错的驿道转输四方。

明清时期，南粤古驿道的商业特性日益彰显，更多的客商从古驿道出发，抵达古港，远赴重洋。

岭南地区水网纵横，水路交通比陆路交通更为便捷，因此，南粤古驿道呈现为以水路交通为主、陆路交通为辅的交通模式。它以广州为中心，通过水陆路转换，连接周边地区与中原。南粤古驿道分为粤北驿道、粤东驿道、粤西驿道和海上古道。

▲ 南海神庙,坐落于今广州市黄埔区庙头村,始建于隋开皇十四年(594年,隋文帝下诏建四海神庙祭四海),至今已有一千四百多年历史,是历代帝王祭海的场所,更是四大海神庙中唯一留存下大量完整文物和碑刻的,有"南方碑林"之称。它是中国古代海上交通贸易的重要史迹,也是古代海上丝绸之路的发祥地。庙宇占地面积3万余 m^2,中轴线上由南而北依次为牌坊、头门、仪门、礼亭、大殿和昭灵宫,两侧有廊庑;西南章丘岗上有浴日亭,是古代观望海上日出之地,"扶胥浴日"宋元时期即为广州羊城八景的首景

▲ 南海神庙清代古码头遗址,铺砌麻石九级台阶,正面刻"海不扬波"三间四柱冲天式花岗石牌坊,尽显皇家气派

▲ 南海神庙内景。中为礼亭,其后为单檐歇山顶的大殿。大殿为典型的明代风格木结构宫殿建筑,陶塑博古花脊上置飞龙、鳌鱼;右侧碑亭记载明代朱元璋改封南海神为"南海之神"之事;左侧碑亭上"万里波澄"为清代康熙御笔亲书

1 南粤古驿道与著名古建筑　　1.1 南粤古驿道　｜　011

粤北驿道主要指沿北江流域发展的古驿道，包括粤赣古道与湘粤古道。粤赣古道与湘粤古道是在军事设防、驻扎营地或修建城寨的背景下形成的，其后古道渐成南迁移民和商贸货运的主要通道。

粤东驿道以东江为主要依托，连接着桂东南和粤西。

粤西驿道以西江航道为主要干线。在封开地域，粤西驿道由城岭道和萌渚岭道两条驿道合流，并线为西江古水道。

海上古道主要是指广东沿海的海上渔民生产和货运商贸路线，其与广东的内江驿道紧密联系，以港口枢纽连接水陆两路，形成完整的南粤古驿道系统。

明清时期，南粤古驿道的商业特性彰显，南粤古驿道与通商口岸相结合，更多的客商从古驿道出发，远赴重洋。其中典型线路共六条：粤北秦汉古驿道线路、北江—珠江口古驿道线路、东江—韩江古驿道线路、潮惠古驿道线路、西江古驿道线路、肇雷古驿道线路。

作为联系中原与岭南的重要纽带，南粤古驿道是岭南文化的杰出代表。广东著名的古驿道有梅关古道、郁南南江古水道、潮州饶平西片古道、珠海岐澳古道、西京古道、汕头樟林古港驿道、台山梅家大院—海口埠、广州从化钱港古道、河源粤赣古道、汕尾海丰羊蹄岭—惠州惠东高潭古道等。

梅关古道处于广东省韶关南雄市城北的梅岭上，是目前全国保留最完整的古驿道之一，被称为"古代京广线"。大庾岭上的梅关古道为两峰夹峙，如同一道天然城门隔开广东与江西。作为唐玄宗开元盛世时期的最后一位贤相，张九龄开通大庾岭修成梅岭古道，这是张九龄做成的一件功在千秋的大事。古道开通后，迅速成为南北交通大动脉，当时的百里梅岭古道地区繁荣一时。

两千年来，沿着古驿道而来的中原文化与技术工艺，不断丰富着岭南地区的生活，在军事、政治、商贸等各个方面促进了岭南地区的发展。

南粤古驿道历经两千年的兴衰起伏，无数历史事件在此留下了深深的印记，如历次人口迁徙、禅宗南传、陶瓷外传、西学东渐、开埠通商等。南粤古驿道是岭南地区融合中原文化、南越文化、荆楚文化、吴越文化、巴蜀文化和海外文化，最终形成岭南文化的重要物质载体，更是岭南广府、客家、闽海三大民系诞生、形成、发展的重要渠道，是广东历史文化遗产的重要组成部分，也是中国历史文化遗产的璀璨明珠。

岭南文化具有鲜明的地方特色：多元、开放、兼容、务实、创新。岭南文化的这些特性对岭南建筑文化产生了极大的影响：粤海汉族民系产生了与其相应的建筑体系；岭南建筑呈现出多元化的特性；建筑形式形成了非正统性；岭南建筑表达具有浪漫性色彩。

▲ 梅关古道

▲ 河源源城龟峰塔。位于东江与新丰江交汇处，始建于南宋绍兴二年（1132年），是典型的宋代仿木楼阁式砖塔

▲ 广济门城楼。始建于明洪武三年（1370年），与横跨韩江、连接东西两岸的广济桥一起，是古代闽粤交通要津

南粤古驿道水陆并举，带动城市街镇兴起。四通八达的古驿道上，一个又一个集市、墟场兴起，逐渐形成一座又一座城镇，许多古驿道的重要节点逐渐发展成为军事、经济重镇。古驿道与古建筑的发展是相辅相成的，驿道的发展促进了建筑的发展，建筑的发展又反过来促进驿道的发展，著名古建筑在古驿道的不断发展中逐渐形成和发展。

古代南粤州府城市的生成与南粤古驿道有着密切的关系（甚至起到决定性的作用）。据研究，岭南唐宋时期的州府城市，基本处于南粤古驿道的通道上。

张九龄开梅关古道之后，地处大庾岭南麓的南雄（古称雄州）成为沟通大庾岭南北的新兴商贸重镇，并逐渐成为南北水陆联运枢纽。明清时期，商品经济空前活跃，雄州商贸重镇地位更加突出，数以万计的广府人聚集南雄，或经商或求学，著名的南雄广州会馆应运而生。

经济实力强大的广府人善经商，货物以北方较稀罕的海盐、糖果与岭南佳果、咸鱼、海味、丝绸及洋货为主，往来于南雄的外地商人中以广府人为最多。为联络乡谊、方便经营，广府商人集资在南雄商业最繁华的地段兴建了广州会馆。各地商人也陆续在南雄城兴建会馆，如豫章会馆、福建会馆、嘉应会馆、潮州会馆、墨江会馆和雄径堂（船家会馆）等七大商业会馆，这些著名古建筑兴建与驿道的开发都有着直接或间接的关系。

古时的云浮市郁南县曾是南粤古驿道的重要节点之一，这一条驿道衍生出了大湾镇古建筑群。建筑群位于云浮市郁南县大湾镇五星村内，始建于明清时期，具有浓郁的粤西地方特色。建筑群的灰塑艺术最具特色，建筑屋脊、山墙、墀头处均有灰塑，浮雕、镂雕无论深浅，皆出神入化，造型百态千姿，画面生动，色彩与花样堪称一绝。

大湾古建筑群中的祺波大屋、峻峰李公祠、其昌大屋、李氏大宗祠、芳裕家塾、狮子名山（关帝庙）等数十座古建筑皆结构独特，地方特色浓郁，堪称岭南建筑文化艺术精品。

▲ 云浮大湾镇古建筑（1）

▲ 云浮大湾镇古建筑（2）

1.2 粤海汉族民系
Cantonese Branch of Han Nationality

民系是影响地方建筑风格的一个重要因素。外来移民和岭南本地人不断演变，形成了如今粤地广府、客家、闽海三大主要民系，三大民系的形成是中原汉族与岭南土著长期融合的结果。南粤古驿道是岭南地区广府、客家、闽海三大民系诞生、形成、发展的直接动因，深深地影响着岭南各地的城市格局和建筑风貌。

广府民系以粤语为母语，具有独特的广府文化、地方风俗和建筑风格。广府民系内有广府族群、莞宝族群、四邑族群、高阳族群等九大分支，主要分布在广东、广西、香港、澳门和海南等地。

客家民系以广东梅州口音客家话为标准音，主要有循衍族群、江汀族群、东江族群、涯人族群，人口覆盖范围为梅州市全域，汕尾的海丰、陆丰部分村镇，潮州饶平部分村镇，惠州部分地区，以及新丰、翁源、英德等市县。

闽海民系包括潮汕民系和琼雷民系。潮汕民系主要有潮汕族群、海陆丰族群、琼雷族群，分布在广东、广西、香港、澳门和海南等地区，以潮州口音为标准音；琼雷民系以海南琼山、雷州雷城口音为标准音，主要分布在海南东部，湛江雷州半岛遂溪、徐闻、雷州全境及湛江大部分城镇。

▲ 广州市海珠区万胜围黄埔村古建筑群，曾经是古代海上丝绸之路的重要港口，拥有丰富的海洋文化历史史料

▲ 韶关市始兴县客家古建筑围楼，遗存多达数百座。居于岭南交通要冲，多是防御性极强的堡垒建筑

▲ 普宁市洪阳镇德安里，是清代水师提督方耀家族府邸。建筑组群由三个独立部分有机联系组成：一组"百鸟朝凰"、两组"驷马拖车"。集潮汕民居建筑之大全：大祠堂、三厅亘、五间过、四点金、下山虎、驷马拖车、五壁联、独脚狮等

1 南粤古驿道与著名古建筑　　1.2 粤海汉族民系　｜　017

▲ 广州市中山七路陈家祠堂。又称陈氏书院，是陈氏族人为方便外地经商族人、候补官员、备考士子在广州城内落脚和居住而建造的合族祠。陈家祠堂是现存规模最大的广府传统建筑之一，也是我国现存规模最大、保存最完好、装饰最精美的祠堂式建筑，被誉为"岭南建筑艺术的明珠"。建筑结构可分为三轴三进，共有九座厅堂和六个院落。陈家祠堂集岭南建筑工艺装饰之大成，几乎全部的堂、院、廊、厅的门、窗、栏、檐、壁、屋脊、枋柱、梁架都展示了岭南建筑的"三雕二塑一铸一画"，即木雕、砖雕、石雕、陶塑、灰塑、铜铁铸及彩绘壁画等建筑装饰的高超技艺

▲ 梅州市梅江区黄塘客家围龙屋，是另外一种客家古民居建筑形式

▲ 汕头市潮南区成田镇马氏光裕堂祖祠。修葺后，呈现潮汕古建装饰艺术的经典样式

▲ 澳门花王堂区路环十月初五街康公庙古建筑群

1.3 岭南著名古建筑
Lingnan Famous Ancient Buildings

沿南粤古驿道线网的岭南古建筑大体可分为官式建筑和民居，涵盖官署、寺庙、庵堂、古塔、学宫、书院、会馆、戏台、宗祠、民居，以及塔桥、亭井、楼阁、台榭等，形式丰富多样，博大精深，独具一格。

岭南古民居受到南粤广府、客家、闽海三大主要民系文化的影响，主要分为广府民居、客家民居和闽海民居。

广府民居通常指大珠江三角洲地区、粤西地区的民居建筑。典型广府民居建筑有竹筒屋、明字屋、三间两廊、广州西关大屋、排屋、大型天井院落式和庭院式民居。

梳式布局是广府传统民居建筑的总体布局方式。广东村落的这种梳式布局系统，可以说是沿袭了中国村落的传统布局形式。梳式布局是以一个巷子为中轴，民宅在巷子两侧，一个院落套一个院落。宗祠是整个村落的精神核心。所有村落的共同特点是村前有水塘，水塘边种上大榕树也是惯例。榕树之下的空地是仅次于宗祠的重要的民间文化传播场所。

一般的传统城镇，包括乡村墟镇的传统民居，总体布局通常采用梳式系统布局或密集式系统布局。

广府民居建筑的共同特点，首先是通风与阴凉；其次是依据自然条件包括地理条件、气候特点，营造防潮、防晒的效果；再次是吸取西方建筑精髓，风格兼容并蓄。

与北方的四合院相比，广府民居建筑的房子以"屋"围成"院落"，平面单元大多是三合院，各种广府民居的平面就是由这些"院落"组合发展而形成的。

▲ 东莞市中堂镇潢涌村的黎氏大宗祠。始建于南宋乾道九年（1173年），是东莞现存最大的宗祠之一

▲ 原清代粤海关所在地广州黄埔古村中保留了许多家祠、私塾及民居等

▲ 广州西关大屋（西关民俗馆）

▲ 广州西关大屋（抗日名将蒋光鼐将军故居）

▲ 广府古民居。广州黄埔古村的古建筑群

▲ 左垣家塾庭院、正厅。广州黄埔古村中清代广州十三行之天宝行行商梁经国的故居，为三间两进广府古民居

▲ 广府古民居。明字屋

▲ 广府古民居。三间两廊

▲ 广府古民居。竹筒屋（排屋）

▲ 广府古民居。骑楼街（粤剧行会广东八和会馆广州会址）

客家传统民居是广东、福建、台湾等地传统民居建筑的一个重要流派，是中国岭南建筑的重要组成部分，也是中国汉族传统民居中的奇葩，它以历史悠久、风格独特、规模宏大、结构精巧等特点凸显于世界民居建筑艺术之林。

围村是客家传统民居村落的一种典型布局，它是将一个村落用围楼或围墙围起来，故有人称之为"寨"。客家围村主要分布在客家人与潮汕人或广府人的临界点或杂处地。围村有的呈方形，有的呈不规则的圆形，四周为围楼或围墙，深沟高垒，固若金汤，显然是出于防御的需要。围村内房屋排列有序，住房有单间式的，也有堂横屋和单元式的，还有一间房中间建隔墙形成套间或"背靠背"前后开门的，形式多样。单姓围村在中轴线上设祖公堂，而多姓围村则各有祖堂，大门口有禾坪和池塘。

客家传统民居平面形式多样，组合灵活。典型的传统民居有门楼屋、双堂屋、锁头屋、杠式围楼、围龙屋、圆围楼、方围楼等，其共同特点是坐北朝南，注重内采光；以木梁承重，以砖、石、土砌护墙；以堂屋为中心，以雕梁画栋装饰屋顶、檐口。

围屋是客家民居重要的表现载体，大多为3层至6层，100间至200多间房如橘瓣状排列，布局均匀，宏伟壮观。客家传统民居的聚族群居特点和建筑特色都与客家人的历史、文化密切相关。无论何种类型、何种平面形式的客家围屋或围楼，围合性、向心性和对称性都是其空间形态构成的基本原则。

以土楼、围龙屋、殿堂式围屋为代表的客家传统民居，类型不一，风格有异。坚固性、安全性、封闭性，以及合族聚居，是客家传统民居突出的特点。

▲ 客家民居

▲ 客家民居。双堂屋

▲ 客家民居。门楼屋

闽海民居细分为潮汕民居、海南民居和雷州半岛民居，其中潮汕民居是岭南建筑的重要流派，通常指广东省潮汕地区的民居建筑。典型的潮汕民居有竹竿厝、爬狮、四点金、驷马拖车、围寨围楼等。

由于地理环境与闽南接近以及文化传承的关系，在建筑布局上，潮汕传统民居多呈现严谨方正的群体组合，保留了中国古代建筑强调对称均衡的传统特色。

在平面布局中，天井、庭院是潮汕民居不可缺少的要素，可以说有宅舍必有天井、庭院。天井、庭院多设在厅前堂后，是住宅与外界沟通的主要渠道。在用地允许的情况下，天井、庭院的设置有较严格的讲究，即有外明堂和内天井之分。

潮汕传统民居的主要特色是将文化与潮汕特有的传统工艺美术如金漆木雕、工艺石雕、嵌瓷艺术、金属工艺以及书法、绘画艺术等最大限度地融合，民居建筑金碧而不庸俗、淡雅而有韵味，豪华气派且文化底蕴浓厚。

▲ 潮汕民居。古府邸式建筑群中轴头门

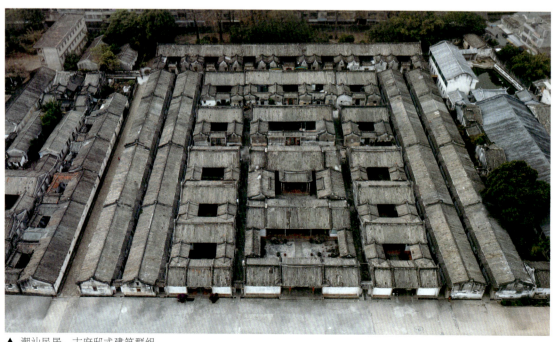
▲ 潮汕民居。古府邸式建筑群组

▲ 雷州民居古建筑

▲ 潮汕民居古建筑群

▲ 潮汕民居。庭院、正厅

官式建筑是民居以外的各类公共活动建筑场所的统称,包括官署、寺庙、庵堂、学宫、书院、会馆、戏台、宗祠建筑等。

南粤古驿道上的古代岭南官式建筑特色十分鲜明:建筑群体布局规整,平面丰富多变,建筑结构体系严谨,造型风格多样。

环境的不断变化和先进建筑技术的输入是形成岭南古官式建筑风格的主要因素,而岭南各地不同的民系文化和生活习俗也是影响官式建筑风格的重要原因。多元文化的交融使岭南古官式建筑的风格呈现出多元化和非正统的特色。

▲ 番禺学宫。广州市越秀区中山四路牌坊入口(毛泽东同志主办农民运动讲习所旧址)

▲ 番禺学宫。崇圣殿

官署是古代政权机构官吏办理公务的处所，是中国古建筑的一种重要类型。唐代以后官署又称衙署、公署、公廨、衙门。官署建筑包括城墙、府州县治所、各类公署机构、官廨、官寺、仓库、场务、亭馆等，通常建有花园和供官员居住的内宅，具有政治、军事、宗教、礼仪、居住等多种功能。

古代统治者根据权力大小规划出不同等级的建筑，利用建筑的象征功能和空间秩序，营造出符合其政治需要的符号意义，实际上古代各种官署、衙门建筑本身就是一种权力符号。礼是社会秩序的基本法则，自然渗透进建筑空间。建筑方位、大小、高低、主次等都体现了礼的秩序要求。

从建筑形态上讲，官署建筑有不同的功能分区，根据建筑基本形制和构成大致可分为治事之堂、宴息之所、吏攒办公之所和官署内的客馆、膳馆、武备、监舍、祠庙等，总平面布局沿中轴线呈"一心三带二区"的空间结构。

广东明清官署建筑文化与艺术风格表现在建筑规模和前堂后寝、庭院式布局、主次分明、井然有序的建筑形制等方面。"一部古县衙，半部官文化"，官署建筑在城镇规划中的位置以及建筑规模和布局受到封建等级制度及堪舆风水等的深刻影响。

岭南地区古官署建筑遗存不多。广东肇庆古称端州，曾是明清时期岭南的政治、军事重镇，威震八方的两广总督府曾设在此地。因战乱、年久失修等历史原因，两广总督府早已不复存在，如今仅存遗址。

深圳大鹏所城为明清两代中国南部的海防军事要地，始建于明代洪武二十七年（1394年），占地约 11 万 m^2。城池平面呈四边形，城内有三条主要街道，有近 10 万 m^2 的明清民居建筑群和数座独具特色的清代将军府第。

深圳大鹏所城主要官署建筑有左营署、参将府、守备署、军装局、火药局、将军府第等，是岭南地区迄今保留较为完好的官署建筑。

▲ 大鹏所城城门。深圳市大鹏新区鹏城

学宫也称孔庙，是古代举办教育活动、祭祀孔子的组群建筑，一般位于岭南各地的府州县中心城区。岭南地区著名的学宫很多，如番禺学宫、德庆学宫、揭阳学宫、长乐学宫、韶州府学宫、龙川学宫等。

岭南学宫都有固定的建筑形式，基本构成依次为照壁、棂星门、泮池、戟门、乡贤祠、名宦祠、两庑、大成殿、明伦堂、魁星楼、崇圣祠等。

大成殿是岭南学宫组群建筑的核心，是祀奉孔子神位的主殿，其平面布局和外部形象在学宫组群建筑中为最高等级，一般都是中轴对称、面阔五间、重檐歇山顶、飞檐翘角、黄色琉璃瓦、红柱红墙、雕龙画凤，雄伟壮观。

番禺学宫是岭南学宫的佼佼者，它与德庆学宫、揭阳学宫并称，为岭南地区著名的三大学宫，明清时被誉为岭南第一学府。

番禺学宫，坐落于广州古城内，始建于明代洪武三年（1370年）。古建筑群红墙黄瓦，东西宽35m，南北长154m，平面布局和外部形象为典型岭南学宫形制。

古代岭南书院在岭南文化教育和学术研究上具有十分重要的地位。它始于唐代，发展于宋代，衰亡于清代，见证了中国封建教育的风风雨雨。

岭南古书院根据教学程度和学术水平的高低分为三个等级：省级书院、州县书院、私立的家族书院和民办的乡村书院。书院以儒家经典为主要教育内容。

大型书院建筑成组布局，教学功能齐全，建筑风格雅致，一般选址在风景名胜之地，体现了岭南先人重视人与自然环境协调的理念。而私立的家族书院和民办的乡村书院则往往与宗祠合二为一：既是教书育人的场所，也是家族祭祀祖先的场所。书院建筑形式就是宗祠的建筑形式。

岭南地区著名的书院有很多，诸如广雅书院、贵生书院、圣心书院、丰湖书院、孔林书院等。大型岭南书院当数近代广州的广雅书院。

广雅书院为官办高等学府，由两广总督张之洞创办，始建于清光绪十三年（1887年），是清末中国"四大学府"之一。

广雅书院占地面积12万m^2，建筑总体布局分为讲学、藏书、祭祀三大功能区，南北中轴线上依次为院门、山长楼、礼堂、无邪堂、冠冕楼，轴线左右两侧是东斋和西斋。

赫赫有名的冠冕楼是广雅书院用于收藏图书的建筑，藏书五万余册，其中有不少古籍善本，包括康有为在广州万木草堂的五千多册藏书。

▲ 番禺学宫。大成殿（广州市越秀区中山四路42号）

▲ 揭阳学宫。大成殿（揭阳市榕城区韩祠路口）

▲ 广雅书院旧址。冠冕楼（广州市荔湾区西村街道广雅中学内）

1 南粤古驿道与著名古建筑　1.3 岭南著名古建筑 | 031

宗祠是岭南宗教文化的重要载体，与岭南祭祀祖先的制度密切相关。宗祠建筑俗称祠堂。岭南祠堂主要分为两类：一类用来祭祀祖先，一类用来祭祀当地名贤。此外，祠堂也是处理家族公共事务的场所。

古代对祠堂建筑的规格有严格的等级制度，祠堂的等级规格越高，房间越多，装饰越豪华，标志着家族的社会地位和经济实力越强。如明代的祠堂建筑制度，三品官以上可建五间九架，供奉五代祖先，三品官以下可建三间五架，供奉四代祖先。

祠堂建筑分为家祠、宗祠、大宗祠和合族祠，其中大宗祠是规模最大、级别最高、形制最严谨的宗祠建筑。

明代以前，岭南地域的祠堂建筑一直处于发展之中，到了清代才渐渐成熟，而至于鼎盛。

家祠、宗祠、大宗祠和合族祠分别建于岭南各地村落和城镇，是岭南古建筑常见的建筑形式，著名的有广州陈家祠、番禺留耕堂、从化广裕祠、潮州己略黄公祠、东莞中堂潢涌黎氏大宗祠、东莞厚街河田方氏宗祠、顺德逢简刘氏大宗祠等。

岭南村落星罗棋布，祠堂众多，尤其在乡间，无论宗族大小，代代都建造高大壮美的祠堂。建筑平面构图规整、形制程式化、布局中轴对称、空间层次逐渐升高是岭南宗祠建筑的共同特点。

岭南地区传统祠堂的平面布局一般坐北朝南，多为面阔三间、二至三进的天井院落式建筑，部分两旁还带有衬祠，分为头门、享堂、寝堂、天井、两廊等，空间秩序井然。

祠堂的建筑选材因地制宜，依据岭南地区雨水充沛的气候特点，祠堂建筑多用麻石、青砖等材料作为墙体与地面材料，用材尺寸比普通民居大，别具特色。

硬山坡屋顶是广府地区祠堂常见的屋顶形式，屋脊主要有龙船脊和博古脊两种形式，屋顶山墙有镬耳墙、水形山墙、人字山墙等。

传统祠堂建筑体现着宗族的威仪，多倾全族之力而建，聘用各方能工巧匠，建筑力求尽善尽美，祠堂的装饰也颇为讲究，常常集中反映了民间建筑技术与装饰艺术的主要特色，是民居建筑艺术的博物馆。

檐口、梁架、屋脊是祠堂建筑装饰的重点，如封檐板上的博古图案木雕、梁架上的人物故事透雕驼峰、屋脊上的麒麟祥瑞灰塑等，它们采用木雕、石雕、灰塑、彩画等多种形式，表现寓言故事或塑造吉祥图案，具有很强的艺术性，寄托着族人对祖先的赞美与对子孙后代的祝福。

▲ 广州陈家祠古建筑群。中轴主入口头门

▲ 番禺留耕堂古建筑群

1 南粤古驿道与著名古建筑　　1.3 岭南著名古建筑 | 033

▲ 广州陈家祠。聚贤堂（1）

▲ 广州陈家祠。聚贤堂（2）

广州陈家祠，始建于清光绪十四年（1888年），建成于光绪十九年（1893年），为岭南地区72县陈姓宗亲合资兴建的陈氏合族祠堂。陈家祠是岭南地区最大的宗祠建筑之一，装饰华丽，工艺精湛，被誉为岭南古建筑的建筑艺术明珠。

陈家祠建筑坐北朝南，总体中轴对称布局，平面呈正方形，通面宽81.5m，通进深79m，占地面积6508m^2，为三路三进九堂两厢杪的院落式建筑格局，建筑面积3986m^2。

聚贤堂是陈家祠建筑的中心，面阔五间27m，进深五间16.7m，是陈氏族人祭祀、议事和聚会的场所。

陈家祠以建筑装饰精巧、富丽堂皇著称，广泛采用木雕、砖雕、石雕、陶塑、灰塑、彩绘、铁铸雕体等工艺，集岭南传统建筑装饰艺术之大成，是一座民间装饰艺术的璀璨殿堂。

▲ 南华禅寺。始建于南朝梁武帝天监元年（502年），位于韶关市曲江区马坝镇东南6km的曹溪之畔

▲ 南华禅寺。大雄宝殿

宗教寺观是岭南古建筑的重要组成部分，主要包括佛教寺庙和道教宫观。

岭南著名的佛寺有很多，如广州光孝寺、肇庆梅庵、曲江南华禅寺、潮州开元寺、陆丰元山寺、梅州灵光寺、新兴国恩寺等。

岭南的佛寺建筑，平面多数采用中轴线布局，因地制宜形成错落有致、对称中又有变化的建筑组群，充分利用岭南当地的宜人气候，建筑与园林相结合，形成佛教寺院的园林化模式。

广东的道观集中分布在广州、粤东的惠州和潮梅汕地区，粤北、粤西部分地区也有分布。

著名的道教建筑有广州三元宫、五仙观、纯阳观，佛山南海云泉仙馆，博罗冲虚观，惠州元妙观，梅州赞化宫，揭阳娘宫观，陆丰紫竹观等。

道教宫观建筑大致有三类：佛寺建筑改造成的道观；直接利用民宅作为道观；专门营建的道观。

1.4 岭南古建筑结构与建筑技艺

Architectural Structure & Technique of Lingnan Ancient Buildings

受岭南生产力水平、地理气候、生活方式、建筑文化、当地建筑材料等诸多因素的影响，岭南地区形成了独具特色的以广东地区为代表的建筑结构体系。

古建筑结构体系分为木结构和砖石结构两大类。为适应内部大空间的需求，岭南古官式建筑多采用木结构，民居建筑和一些内部开间小的建筑多采用砖石结构。

岭南古官式建筑以木构架为承重结构，大木构架是其主体支撑部分。大木构架限定了建筑的形态样式、尺度大小、空间形式等，是传统建筑最为本质的本体部分。

以中原建筑大木构架形制为主，结合当地做法形成的广东大木构架结构体系，结构合理，构造简洁，是中国古建筑结构体系富有特色的一部分。

砖石结构是以砖墙或石墙作为承重主体的结构体系。早期砖石结构最杰出的范例当属砖塔，用砖砌成砖塔的拱券结构技术是我国古代砖石结构技术的顶峰。岭南砖石结构大量应用于民居建筑之中。

因气候湿热，岭南地区古建筑多采用砖墙作为建筑的外围护和内隔断。砖墙有单层墙和双层墙。广府、潮州、客家地区的砖墙常采用青砖砌筑，雷州等少数地区采用红砖。无论青砖还是红砖，都具有很好的抗风、防水、防潮性能。

石构建筑是我国古建筑的一个重要组成部分。石材适合受压承重，受压拱券建筑结构是石砌结构最理想、最杰出的方式。

在受力性能上与砖块有着共同特点的石材，其砌筑方法也与砖块相同，采用上下错缝、平叠垒筑的方法砌筑。

▲ 岭南官式古建。光孝寺大雄宝殿

▲ 岭南官式古建。揭阳学宫大成门

▲ 岭南砖石古建。南华禅寺灵照塔

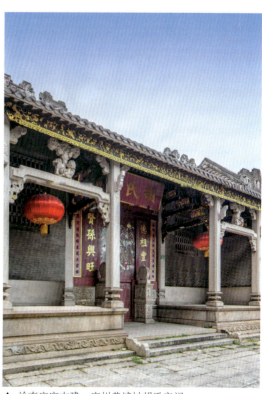

▲ 岭南广府古建。广州黄埔村胡氏宗祠

岭南古建筑的建筑细部构造多种多样，表现了岭南文化多元化和建筑形式多元化的特色。无论是殿堂式建筑还是民居，其坡屋顶和屋脊、木构架、斗栱、瓜柱、山墙等都颇具岭南古建筑风格。

中国古建筑屋顶特有的"反宇飞檐"形态之一的人字形坡屋顶，屋面以中间横向屋脊为界分前后两面坡，倾斜的屋面像是织物造就的一座幕帐，瓦顶覆盖在与立柱联结的正梁上面，顺而向下倾斜，檐口上翘，形成优美的曲线。

遵从中国封建礼制，适应岭南高温湿热的气候特点，岭南古建筑主体坡屋顶多选择歇山顶、悬山顶和硬山顶三种形式，其他卷棚顶及攒尖顶等多为园林点缀性的建筑。

作为屋顶的重要建筑构件，屋脊是相邻两向坡屋面交会处的连接体，青砖砌筑，以加大屋顶重量，减小台风对建筑瓦屋面的破坏。在建筑构造功能之外，无论屋顶是硬山、歇山或其他形式，屋脊均是建筑造型的重要元素。

岭南地区传统建筑的屋脊大多是平脊、花脊及翘角脊，可分为正脊、垂脊和斜脊（戗脊）三类。庙宇、广府祠堂等大殿式建筑的正脊多采用龙船脊和博古脊（菱纹脊），普通民居建筑的正脊则多采用平脊。

坡屋顶正脊上岭南古建筑文化意象丰富，博大精深。如广府坡屋顶的龙船脊和博古脊，被赋予了水的意象，用于镇火，正脊两端还常竖起鳌鱼加以强化。正脊和屋顶四周其他构件上游龙、水牛、水草等装饰，都具有典型的岭南亲水文化的内涵。

正脊的表面装饰多采用岭南灰塑工艺，色彩斑斓，工艺精湛，题材内容多为"鲤鱼跃龙门""三星高照""东坡品橘""太白醉酒""教子成贤"等。

▲ 光孝寺大雄宝殿。重檐歇山顶，金黄瓦屋面，屋脊为翘角脊装饰灰塑。正脊为龙船脊，中置琉璃葫芦宝瓶，两端相向倒立咬脊鳌鱼吻灰塑，如在水中遨游。上檐戗脊末端各倒立咬脊鳌鱼吻灰塑，下檐戗脊末端为金色咬脊扎龙吻灰塑

▲ 番禺学宫。大成殿单檐歇山顶黄琉璃瓦屋面，屋脊为灰脊灰塑饰面上置陶塑瓦脊，山脊装饰琉璃二龙戏珠脊饰

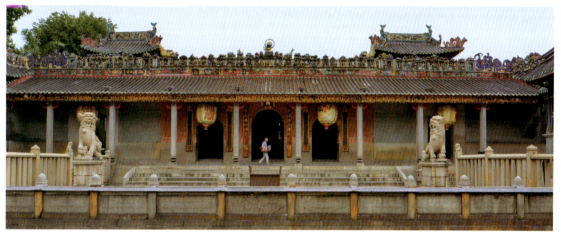

▲ 佛山祖庙。三门面宽九开间，屋脊顶部装饰一条 1m 多高，30 多 m 长陶塑人物瓦脊，屋檐下有通栏贴金木雕花衽

▲ 东莞潢涌黎氏大宗祠。保留了大量广府古建筑特色的灰塑、陶塑、木雕等线条细腻的雕刻艺术

▲ 揭阳榕城雷神庙。修复后细节展现了流传于潮汕的经典装饰工艺，如潮州嵌瓷、灰塑、石雕、木雕、彩绘等

▲ 广州三元宫

　　大木构架是地方的官式建筑，包括学宫、大型寺院等采用的殿式做法。岭南地区现存较好的殿堂构架实物有很多，包括韶州府学宫、始兴学宫、南雄府学宫、潮州海洋学宫、广州光孝寺、潮州开元寺、广州三元宫、广州海幢寺等。

　　岭南地区的大木建筑构架可分为五种类型，即大式斗栱梁架、小式瓜柱梁架、插栱襻间斗栱梁架、束枋叠斗梁架和混合式梁架。

　　瓦顶层由木构架支撑，其中横向的木构架称为梁架。这些木梁在上下方向进行叠加组合，共同支撑瓦顶。这种梁的组合方式，犹如一层一层把梁往上抬，因而又称为抬梁式构架。

　　岭南各个区域建筑工匠师承不同，因此各地大木建筑构架呈现出自成一体的特征。根据这些特征，可将岭南建筑构架大致分为四个体系，即广府系、粤东系、粤北系和雷州系。四个体系在构架风格上有着较大的差异。

▲ 广州光孝寺

▲ 广州海幢寺

▲ 潮州开元寺

▲ 南海神庙大殿。单檐歇山顶建筑，24根红色巨柱，擎楼托顶，横梁飞架，驼峰斗栱，全部入榫而不用一根钉

▲ 韶关韶州府学宫大成殿。斗栱

　　斗栱是中国古代建筑的特有构件，由方形的斗、升、栱、翘、昂等木构件采用榫卯结合、交错叠加的形式组成，是古代殿堂式建筑柱与梁桁、檐宇、屋顶间过渡的木构件。

　　斗栱在中国古建筑中起着十分重要的作用，其功能在于承受上部支出的屋檐，将其重量或直接集中到柱上，或间接承接至额枋上再转到柱上。斗栱还有特殊的装饰作用，作为重要建筑的衡量标准，是封建社会建筑等级制度的象征。

　　岭南殿堂式建筑中的斗栱样式可分为八类：叠斗式、侧昂式、直昂式、插昂式、无昂式、斜栱式、如意栱式和插栱式。

　　广府古建筑木构架中的斗栱使用最为普遍和规范，斗栱的造型尺度宏大。而潮州古建筑木构架中的叠斗式斗栱最具地方特色：重叠的斗栱犹如动物的脊椎一般，有很强的韵律感和装饰性。

瓜柱是古建筑木构架中一个特殊的木柱构件，为位于梁背上的短木柱，其形状如瓜果状，故称瓜柱。岭南古建筑的瓜柱形式有木瓜式、牛鼻式、瓜桶式等。

大木构架中的各式瓜柱，往往都是艺术加工的重要部位。岭南古建筑常将瓜柱做成各式充满岭南艺术特色的木雕。瓜柱木构件的表面，大多进行后期表面装饰，涂饰彩色颜料或贴饰金箔。

其中，广府瓜柱形式简洁大方，潮汕瓜柱形式复杂且美观，客家瓜柱形式介于广府与潮汕之间。

▲ 韶关韶州府学宫。瓜柱

▲ 东莞潢涌黎氏大宗祠的中进堂（即正厅）。正厅结构为抬梁和穿斗式相结合，每根屋梁两端皆有椭圆形梁托，梁托上雕刻彩云、飘带，檩上镶嵌花雕，连梁钩都刻有蟠龙等图案

山墙是房子短轴线上的外横墙。山墙顶部造型随坡屋顶形式不同而不同。当两侧山墙高出屋面，随屋顶的斜坡面而呈几何形时，称为风火山墙。

　　由于所处区域不同和民系文化不同，广府古建筑、潮汕古建筑和客家古建筑的山墙形式也有所不同，各具特色。

　　广府山墙顶部的形态有五岳、镬耳、人字、水形，其中镬耳山墙代表着岭南古建筑独特的艺术特色。

　　岭南广府古建筑镬耳山墙多用青砖、石板砌成，外墙壁表面均有灰塑图案，因其山墙状似大铁锅两边的锅耳，故又称锅耳墙。山墙顶部两边的镬耳，其结构从檐口至顶端用两排瓦筒压顶并采用灰塑工艺装饰，体现了广府建筑工匠的智慧与高超的建筑工艺。

　　在世俗观念中，广府镬耳墙从顶端圆润滑下的弧度，如同鳌鱼翘起的嘴巴，造型正如古代官帽两耳，因此，取其"独占鳌头"吉祥寓意，又称为"鳌头墙"。民间传闻，镬耳墙可以保佑子孙加官晋爵、富贵无量。镬耳墙在承载古老的民间信仰的同时，也体现了传统艺术的传承。

　　广府建筑镬耳山墙是圆弧曲线形构造，样式流畅，曲线美观，在起装饰作用的同时，还有建筑构造功能：一是做封火墙之用，防止火灾发生时，火势顺房蔓延；二是透风导流，便于屋面散热；三是高于瓦屋面，遮挡西晒。

　　潮汕古建筑山墙顶部的形态甚为讲究，造型根据所处位置的五行属性分为金、木、水、火、土五种类型，表现了传统哲理思想和阴阳五行学说的影响。

　　与广府建筑、客家建筑相比，潮汕古建筑山墙要窄一些，顶端稍高于房屋正脊。在风格形式方面，山墙的灰塑造型装饰及线条，比客家建筑要繁琐复杂，山墙面先用草根灰做底起线条造型，再用纸筋灰做造型线条面层装饰。潮汕建筑镬耳墙的下部墙根多采用红砂岩墙体，上部多采用夯土墙体或青砖墙体，比客家建筑镬耳墙的夯土厚度薄。

　　客家建筑的镬耳墙与广府建筑的不同，体现在镬耳端山墙的宽度、高度、风格形式、使用材料等方面。在风格形式方面，客家建筑镬耳端山墙高度与广府建筑不同，镬耳墙用于围屋东西两端，墙端盘头造型比较简单，仅具装饰作用，做防火山墙的效果较差。

▲ 广府古民居建筑山墙（1）

▲ 广府古民居建筑山墙（2）

▲ 潮汕古建筑山墙。顶端稍高于房屋正脊

▲ 潮汕古民居建筑山墙形式

▲ 客家古民居建筑山墙

▲ 雷州古民居建筑山墙

1 南粤古驿道与著名古建筑　　1.4 岭南古建筑结构与建筑技艺　｜　045

岭南古建筑装饰艺术是中国古代装饰艺术的重要组成部分，在秉承中国传统装饰艺术共性的同时，地方特色鲜明。岭南建筑装饰题材可分为人物、祥禽瑞兽、风云、河川、山石、植物、建筑、器物、文字及几何纹样等类型。其中大量运用的中国历史典故、民间传说和戏曲，如"武王伐纣""昭君出塞""状元及第""龙凤呈祥""麻姑献寿""水漫金山寺""七姐下凡"等，均是人们喜闻乐见的题材，与广府粤剧和潮汕潮剧一脉相承，体现了博大精深的中华文化在岭南的深厚影响。

岭南古建筑装饰有以下四个方面的特点：装饰工艺充分考虑到广东地区的气候特性和当地装饰材料的特性；建筑不同部位的装饰精美程度不同，简繁有致；善于运用夸张的艺术表现手法；装饰形态繁密、细腻。

岭南传统建筑技艺的种类包括木雕、砖雕、石雕、陶塑和灰塑，分别装饰在建筑的屋顶、山墙、门面、隔板、屏风、檐下及门窗等处。

▲ 广州陈家祠的木雕、砖雕、石雕、陶塑、灰塑

▲ 广州锦纶会馆的陶塑、灰塑

木雕在岭南古建筑装饰中极为重要，主要使用于梁架、梁托、龙柱、屏风、脚门、月楣、花板、过水栊、倒吊花篮、楹托、飞罩、罩落、莲花托、栏杆门、花窗等构件上。

广府地区木雕和潮州木雕代表岭南古建筑木雕的两大流派。广府地区木雕造型古朴典雅，雕工细腻精美，打磨光洁，油漆罩面，实用功能与艺术功能并重。潮州木雕因表面大多涂饰金漆，故也称"金漆木雕"。潮州金漆木雕是潮州木雕艺术中最具特色和代表性的，在大型辞书《辞海》中列有独立词条。

岭南古建筑木雕装饰特点主要有以下几点：木雕原材料选用多种优质硬木或红木；结构严谨，地方特色突出；雕刻工艺多样，品类繁多；洋为中用，中西合璧；布局合理，具有强烈的秩序感。

岭南建筑木雕制作选用的木料有两大类。一类是珍贵的硬木，如紫檀、黄檀、鸡翅木、花梨木、酸枝木等；另一类是普通木材，如樟木、桦木、梓木等。

传统木雕技法是岭南木雕匠人经过长期实践探索总结出来的，主要包括沉雕、浮雕、透雕、圆雕、镂空雕等。

广府木雕和潮州木雕在创作木雕的工艺步骤上有所不同，但大致可归纳为四个阶段：雕刻前准备；雕琢粗坯；精雕细刻；表面处理。

▲ 广府陶塑、贴金木雕。佛山祖庙三门屋脊与屋檐的部分装饰

▲ 潮州金漆木雕。潮州开元寺

砖雕是在高质量的砖上进行艺术雕刻，使其成为建筑的装饰艺术构件。砖雕装饰不仅能丰富、美化建筑外形，还能突出建筑的个性特征，提升建筑的文化内涵和艺术品位。

精湛的技艺、深厚的文化内涵与独特的艺术手法融合而成的砖雕工艺，是民间艺术百花园中绚丽多彩的奇葩，为世界留下了一份宝贵的建筑文化遗产。

砖雕艺术与建筑的结合，源于对木构建筑构件的模仿。明代之后，砖雕与木雕、石雕合称为"建筑三雕"。砖雕既有石雕的刚毅质感，又有木雕的精致柔润与平滑，呈现出刚柔并济而又质朴清秀的风格。

岭南砖雕是中国千年砖雕工艺的一个重要支流，主要产地是广东番禺沙湾和佛山。广东砖雕兴盛于明清时期，影响远及东南亚各国，代表着岭南地区砖雕的最高水平。广东砖雕技法突出，工艺精湛，雕工线条如丝，素有"挂线砖雕"之美称。

与我国北方和江南的砖雕不同，广东砖雕使用专门烧制的青砖，规格同砌墙用的砖头大小相等，雕刻前经过精挑细选，根据画面构图层次排列，逐块雕出每块砖的纹样，然后依次嵌砌在墙上，与建筑墙面融为一体。

广东砖雕分为单件砖雕和组合式砖雕。组合式砖雕一般应用在建筑表面积较大的部位，如照壁、墙头等，大型组合砖雕需要用成百上千块青砖。

广东砖雕技法丰富，有阴刻、高浮雕、浅浮雕、圆雕、镂空雕等雕刻手法。

工艺精湛，空间层次感极强是广东砖雕的最大特色，多以阴刻、浅浮雕、高浮雕、透雕相结合。清代广府砖雕工艺，可以雕出 9 层之多的远近层次，还可以采用多层镂空，拓展出更加丰富的内容。

岭南古建筑中常在以下部位运用砖雕：牌坊、屋脊、门楼、照壁、漏窗墙、墙檐、门窗楣、神龛、墀头等。

广东砖雕的题材以大众的审美意识为导向，表现世俗的生活场景和神话中的仙山琼阁。神话故事、历史典故、古代戏文、民间传说都是广东砖雕重要的题材，花鸟虫鱼、家禽野兽、图案文字等也是常见的题材。

制作砖雕的工艺步骤比较复杂，以组合砖雕为例，一般包括 10 个基本步骤：
(1)构思：确定尺寸，画好样图。
(2)修砖：将青砖表面打磨找平。
(3)上样：将图案勾画到砖坯上。
(4)凿线刻样：在砖上沿画笔的笔迹浅刻一遍。
(5)开坯：描刻图案轮廓。
(6)打坯：在砖坯上刻画出构图景物轮廓、层次。
(7)出细：进一步精细雕琢，细部镂空。
(8)修补：对雕面的残损进行修补。
(9)整体收拾：全面清理砖雕半成品。
(10)接拼、安装：将砖雕成品拼接并安装到建筑装饰部位。

▲ 广州陈家祠。砖雕

▲ 广州黄埔古村胡氏宗祠。砖雕、石雕、木雕、灰塑

石雕是以石头为载体，通过特有的雕刻技法，制作而成的建筑装饰构件，主要运用于官署、寺庙、祠堂、府邸装饰中，展现建筑的恢宏气势。

在岭南古建筑装饰工艺中，广府石雕和潮汕石雕最具岭南特色。广府石雕以浮雕为主要雕刻形式，潮汕石雕则采用圆雕或镂空雕等多种雕刻形式。

石雕艺术的建筑装饰构件，常兼具建筑结构承重与装饰的双重功能，如石柱、墀头、石基座、月台、栏杆、门楼和门罩、石牌坊等。仅仅作为建筑装饰的石雕也比比皆是，最显眼的当数门前的石狮子。

广府石雕和潮汕石雕的题材大致可分为动物、植物、水果、博古器物、人物、文字和吉祥纹样等五类。

岭南建筑石雕艺术内容丰富多彩，形式变化多端，这与岭南独有的建筑文化一脉相承。广府石雕朴素，偏重创新，注重艺术表达的简练；潮汕石雕则对精致和奢华情有独钟，展现了旧日的安富尊荣。

与其他建筑装饰构件一样，岭南石雕以造型、色彩、构图、材质、肌理等作为石雕的创作元素，题材内容首选"五子登科""四季平安""鱼龙变化"等吉祥图案，以期寄托对美好生活的向往。

石雕的雕刻技法大致可分为浮雕、圆雕、沉雕、影雕、镂雕和透雕，其中浮雕又可分为浅浮雕和高浮雕。

制作石雕一般包括7个基本步骤：
(1)根据主题和规模选取石材。
(2)设计石雕样稿。
(3)打坯样，捏泥坯或石膏模型。
(4)按石雕图形剔去外部多余石料。
(5)将石料粗略打磨。
(6)根据线条图形挖掉内部多余石料。
(7)最后进行仔细雕琢，使雕件成形。

▲ 潮州开元寺大悲殿的石雕。雕花栏杆、栏板望柱、蟠龙廊柱、典故壁饰

▲ 广州黄埔古村胡氏宗祠头门的石雕抱鼓石（武官家的门当）、石额门框、石台基、建筑石柱架、装饰石构件、漏窗

1 南粤古驿道与著名古建筑　　1.4 岭南古建筑结构与建筑技艺　｜　051

灰塑俗称"灰批"，是流行于岭南地区的一种传统雕塑艺术形式，主要分布于广州市区和增城、从化一带。

岭南灰塑作品以工艺美术的形式，将历史、神话、民俗、文学和哲学等融为一体，巧妙结合传统文化与审美向世人传达着中国传统文化和丰富多彩的岭南地域风情。

灰塑工艺始于唐代，宋代普遍应用。明清时期，祠堂、寺观和豪门大宅建筑盛行用灰塑作装饰。佛山祖庙、广州陈氏书院、顺德乐从的陈氏大宗祠，以及广州的光孝寺、六榕寺塔、广裕祠、余荫山房、锦纶会馆、大佛寺大殿等建筑上的灰塑装饰，都是岭南灰塑工艺的代表作。

灰塑以石灰为主要材料，具有耐酸、耐碱、耐温的优点，非常适合岭南一带的湿热气候条件。灰塑有一整套独特的工艺技法，可现场施工，具有因地制宜、因材施艺的灵活性和便利性。

灰塑造型手法以浮雕和半浮雕为主，概括简洁，线条粗劲。作品立体感强，造型层次丰富，可凸显屋与屋、房与房的层次结构关系。整体玲珑通透，建筑装饰感强。其用色以大色块为主，自然色较多，强烈清晰，色彩丰富，民间装饰风格突出。

灰塑的题材非常丰富，除了运用大量动植物为题材，借助谐音等手法表达吉祥的内涵之外，灰塑作品中还有大量自然人文景观题材，例如以清代羊城八景为题材的作品。此外，还有大量以历史故事和民间传说为题材的作品，例如取材于《三国演义》中的"桃园结义""张松看孟德新书"，取材于《白蛇传》的"断桥会"等。总体人物精雕细刻，工艺精美。

灰塑制作一般包括5个基本步骤：

(1)炼制灰泥。即用原材料石灰通过特殊的配制和加工，制成有一定强度又有较高可塑性和柔韧性、可以满足各种造型需要的灰泥。

(2)构图。艺人根据建筑空间和装饰部位的需要，直接在建筑物上设计图案，并根据装饰部位的不同，采用不同的表现形式、装饰手法和构图内容。

(3)批底。即制作造型底子。

(4)塑型。即对物象进行细部塑造。

(5)上彩。在完成的造型上绘上色彩。

▲ 广州陈家祠屋脊上的脊饰灰塑

▲ 佛山祖庙屋脊上的脊饰灰塑

▲ 广州锦纶会馆屋脊上的脊饰灰塑

2 岭南著名古建筑 3D数字化图录

3D Digitized Catalogue of Lingnan Famous Ancient Buildings

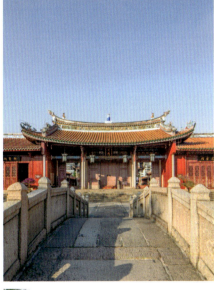

2.1 三元宫·三元宝殿
Sanyuan Palace · Sanyuan Main Hall

　　三元宫是岭南地区现存历史最悠久、规模较大的道教建筑，始建于东晋，初名"越冈院"。为了祭祀南越王赵佗，岭南先人曾在广州观音山（现越秀山）南麓兴建南越王庙，当时俗称北庙，明代万历年间（1572~1620年）重修后改名三元宫。

　　三元宫建筑群从南向北依山坡排列，以山门、拜廊、三元宝殿、老君殿等建筑形成中轴线，背靠观音山南麓。主体建筑三元宝殿正对山门。三元宝殿建在北面高一级的石台基上，与钟、鼓楼和拜廊连成一片。殿后为老君殿，东侧为客堂、斋堂、旧祖堂、吕祖殿，西侧为钵堂、新祖堂、鲍姑殿。

　　现存的三元宝殿为清代同治年间（1861~1875年）重建，平面布局呈矩形，面阔五间20.27m，进深五间16.85m。殿的深处，正中位置供奉三元大帝，即中华民族的祖先尧、舜、禹三位大帝。殿内梁架简朴，不施斗栱，梁架的瓜柱硕大，极具岭南地区叠梁式木构架的建筑特色。

　　三元宝殿建筑为歇山九脊屋顶，屋面为素胎板瓦、碌灰瓦筒、绿色琉璃瓦当、滴水剪边。屋脊为翘角脊灰塑饰面，正脊为龙船脊上置陶塑鳌鱼、宝珠脊刹，垂脊翘角下置吞脊垂兽。屋檐下封檐板描金雕花，前出卷廊，殿外四周环廊，环廊梁架施斗栱，精巧别致，装饰华丽。

　　三元宝殿殿前拜廊屋顶为歇山卷棚顶，和三元宝殿屋面前沿连接，把钟、鼓楼罩在下面。屋面为素胎板瓦、碌灰筒瓦、绿色琉璃瓦当、滴水剪边。垂脊和戗脊一体，为翘角脊灰塑饰面，戗脊翘角下置吞脊戗兽，上置陶塑狮子。屋檐下描金雕花封檐板，廊下石台基前置石栏杆。七柱二十三椽梁架撑起拜廊和宝殿的屋顶。

　　三元宝殿的平面布局与内外造型及装饰，均充分体现了岭南古建筑的特点。

▶ 三元宫位于广州市越秀区应元路11号，是岭南现存历史最悠久、规模较大的道教建筑，主祀上、中、下三元大帝。三元宫规模宏伟，殿宇巍峨，是岭南著名道教宫观

三元宫三元宝殿

▲ 三元宫古建筑群

▲ 三元宫三元宝殿与拜廊的屋顶勾搭在一起

▲ 三元宫山门屋脊

▲ 三元宫山门朝南。建筑依山而建，山门屹立于40多级的台阶上，信众拾级而上，经过两段较为高陡的阶梯才能到达山门前

▲ 三元宫山门

▲ 三元宫山门。乾隆五十一年（1786年）建，石门额上刻"三元宫"

▲ 三元宫以正对山门的三元宝殿为中心，三元宝殿的殿前旷地围绕山门后檐廊与左右廊庑

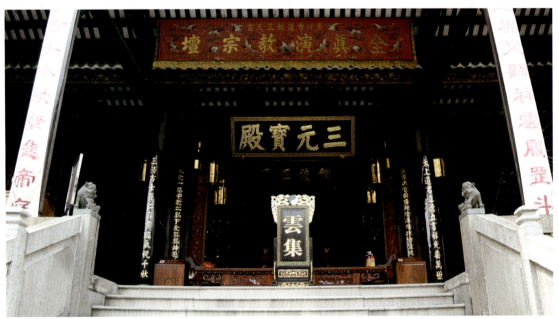

▲ 三元宫三元宝殿。殿的深处，正中供奉着三元大帝，即中华民族的祖宗——尧、舜、禹三位大帝

▲ 三元宫三元宝殿正殿。前后金柱撑起九架叠梁式构架

▲ 三元宫。三元宝殿建在北面高一级的石台基上，正殿与钟、鼓楼和拜廊连成一片

▲ 三元宝殿。左侧回廊

▲ 三元宝殿殿前拜廊，为卷棚六架叠梁，共用宝殿前檐柱

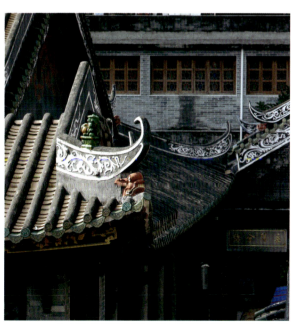

▲ 三元宝殿前拜廊。歇山卷棚顶局部，灰塑翘角脊

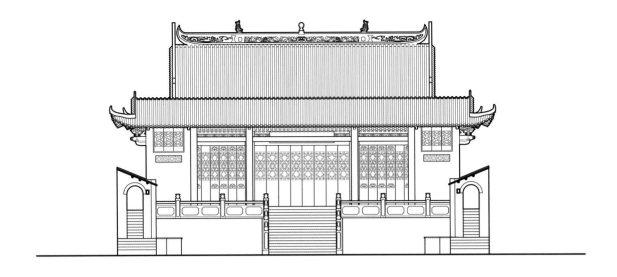

▲ 三元宫三元宝殿 – 正立面图

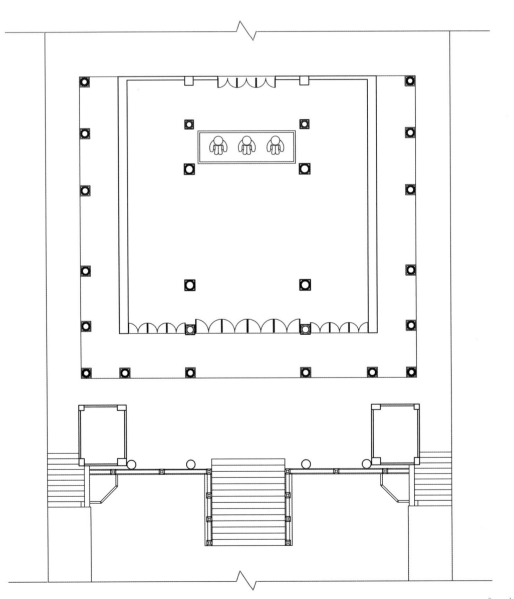

▲ 三元宫三元宝殿 – 平面图

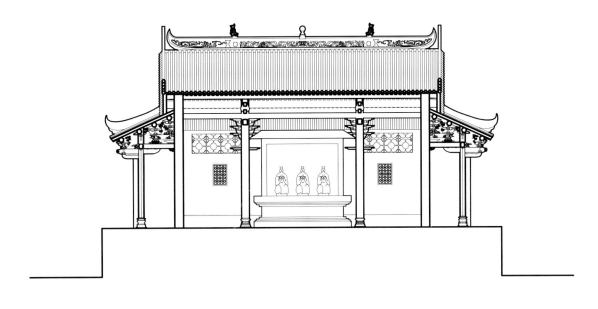

▲ 三元宫三元宝殿 - 正剖面图

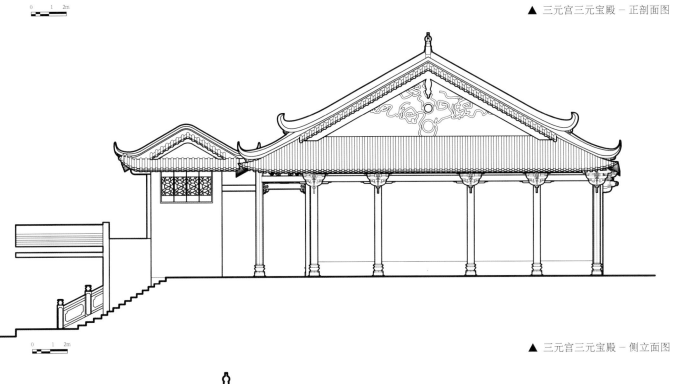

▲ 三元宫三元宝殿 - 侧立面图

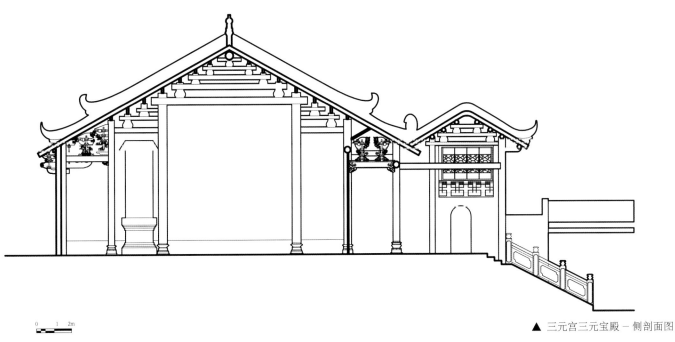

▲ 三元宫三元宝殿 - 侧剖面图

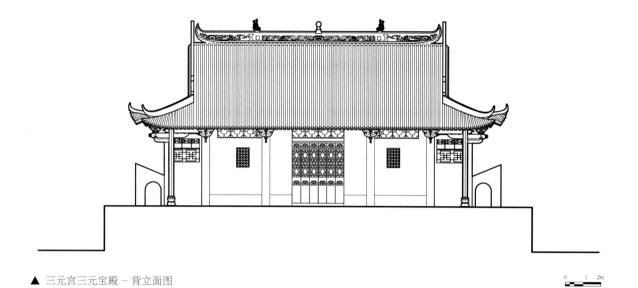

▲ 三元宫三元宝殿 - 背立面图

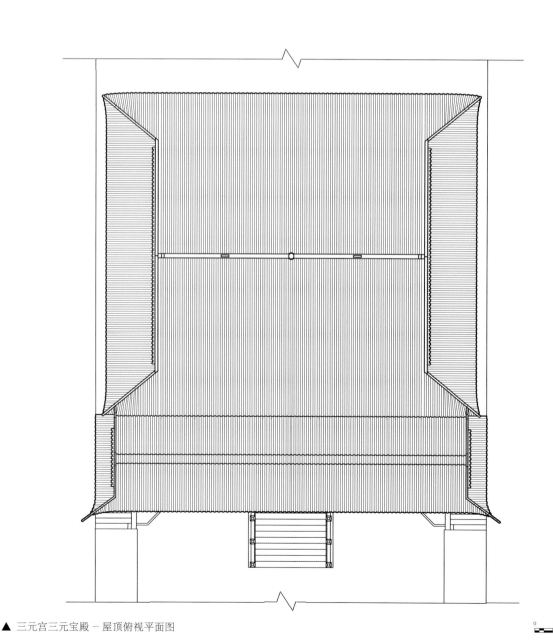

▲ 三元宫三元宝殿 - 屋顶俯视平面图

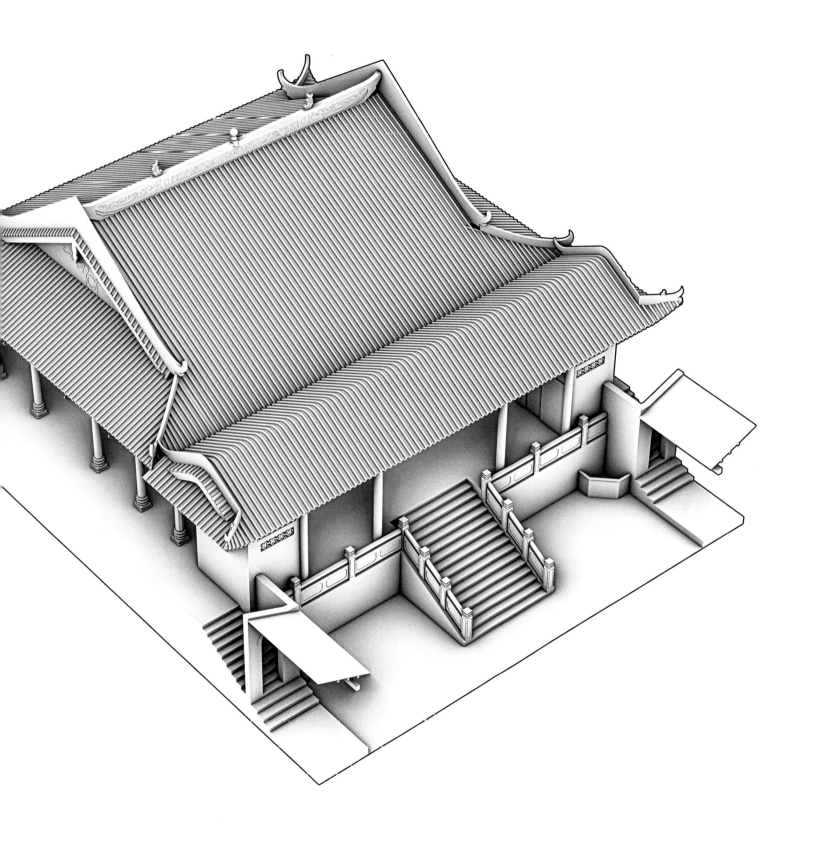

▲ 三元宫三元宝殿 – 鸟瞰透视图

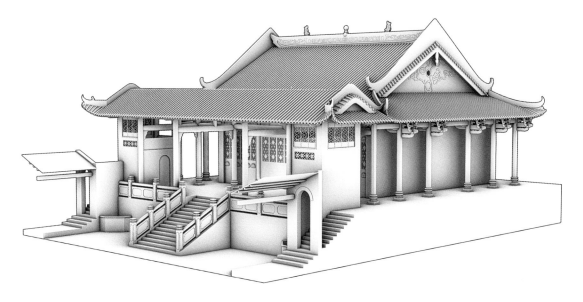

▲ 三元宫三元宝殿－侧面透视图

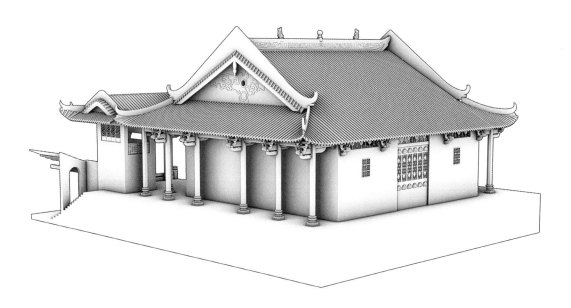

▲ 三元宫三元宝殿－背面透视图

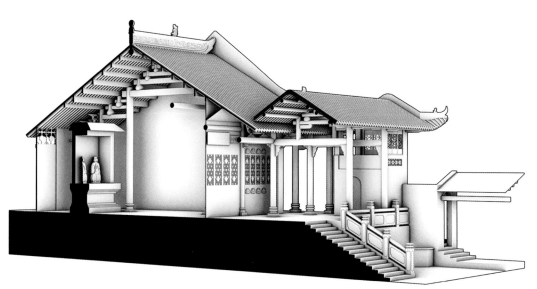

▲ 三元宫三元宝殿－侧剖面透视图

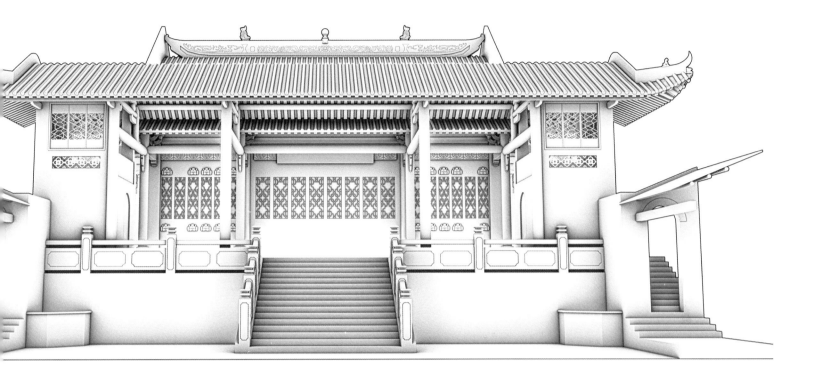

▲ 三元宫三元宝殿 – 正面透视图

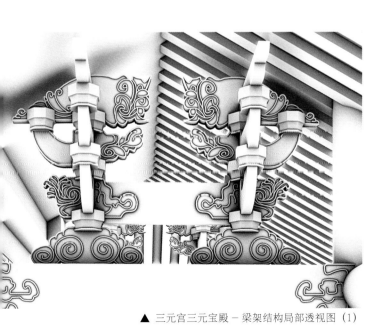

▲ 三元宫三元宝殿 – 梁架结构局部透视图（1）

▲ 三元宫三元宝殿 – 梁架结构局部透视图（2）

2.2 宋名贤陈大夫宗祠
Ancestral Hall of the Esteemed Official Chen of Song Dynasty

宋名贤陈大夫宗祠俗称世德堂，是为纪念自南宋陈氏祖先陈康延至明末抗清志士陈子壮等七进士及各乡贤而修建的宗祠，坐落在广州市白云区金沙洲沙贝村，始建于明嘉靖十四年（1535年）。明清和民国时期经过三次重建修葺，原有三路建筑，现仅余中路建筑。1986年经修葺辟有陈子壮纪念馆。2023年至今，祠堂再次进行全面修葺。

陈子壮（1596~1647年），曾先后任明代礼部右侍郎、礼部尚书，清兵攻陷广州后，他与陈邦彦、张家玉等人同举义旗抗清。1647年兵败被俘，陈宁死不屈，于同年十一月初六被杀。

宋名贤陈大夫宗祠，坐北向南（朝南偏东17°），前有镜湖（池塘）和广场，整体坐落在高台基上，占地面积828.12m²，建筑总面阔26.8m，总进深30.9m。前后两进，有东、西廊庑，天井宽敞，中轴对称四合院布局。主要建筑为头门、东西倒座厢房、东西廊庑、后堂、左右耳房。主体建筑为大木小式梁架，砖木结构。檐柱均为石雕柱，东西廊和后堂卷廊为木雕夔龙式梁架。

宗祠中轴从前至后依次为前座头门、天井（中庭）、后堂（又称世德堂）。步上三阶青云级前庭台基（红砂岩铺砌的印台），再上七阶垂带踏跺就是前座头门门廊。头门为戟门型三间开一，进深二间。厚大的青砖石脚门墙与高大门洞石达至主梁（栋）的前面，把头门一分为二，亦与檐柱、屏门柱架起抬木梁架撑起屋顶。门廊侧梁架为木雕柁墩、斗栱，大门内侧为朴素的短柱、瓜柱。门廊左右石雕檐柱与山墙间架起石雕额枋，隔架门殿敞开，大木门后为朱漆镂空雕花木屏门，上有"钦点探花及第"匾额。东西廊庑更显中庭天井院落宽阔。后座后堂面阔三间14.6m，进深三间12.4m。正厅悬"世德堂"和清代乾隆御笔"忠简"两匾。后庭为四金柱七架抬梁式架撑起十二椽架梁屋顶，前出卷廊。卷廊台基立石廊柱、石栏杆（浮雕栏板），前砌有东西两座五阶垂带踏跺。屋面檐封檐板和隔扇门均为木雕彩绘。

宗祠主体建筑为人字封火山墙，青砖墙石脚。硬山顶坡屋面，碌灰瓦筒素瓦板，绿琉璃瓦当、滴水剪边。屋脊为博古脊，灰塑饰面，正脊为平脊上层置陶塑花脊，上置琉璃鳌鱼、宝珠脊刹，垂脊端部上置陶塑仙人、瑞兽狮子。其中，正脊的琉璃陶塑花脊尤为抢眼，其牡丹花枝造型优美、工艺精湛，是广东古建筑中相当稀有的早期琉璃花脊。

▶ 宋名贤陈大夫宗祠。宗祠大门口上方悬挂着皇帝赐予陈氏先人的"彩牌"，大门石额上刻"宋名贤陈大夫宗祠"，并标明该匾为明嘉靖十八年由钦命巡按广东监察御史王德溢为赐进士出身陈锡立。按原样复制的木板门联是："一门七进士，四代五乡贤"，称赞的是自陈氏始祖陈康延至陈子壮。粤剧《血染越王台》故事中的陈子壮，即现金沙洲沙凤村沙贝社区人，在宗祠里，陈列的史料记载着不少陈子壮抗清的英雄事迹

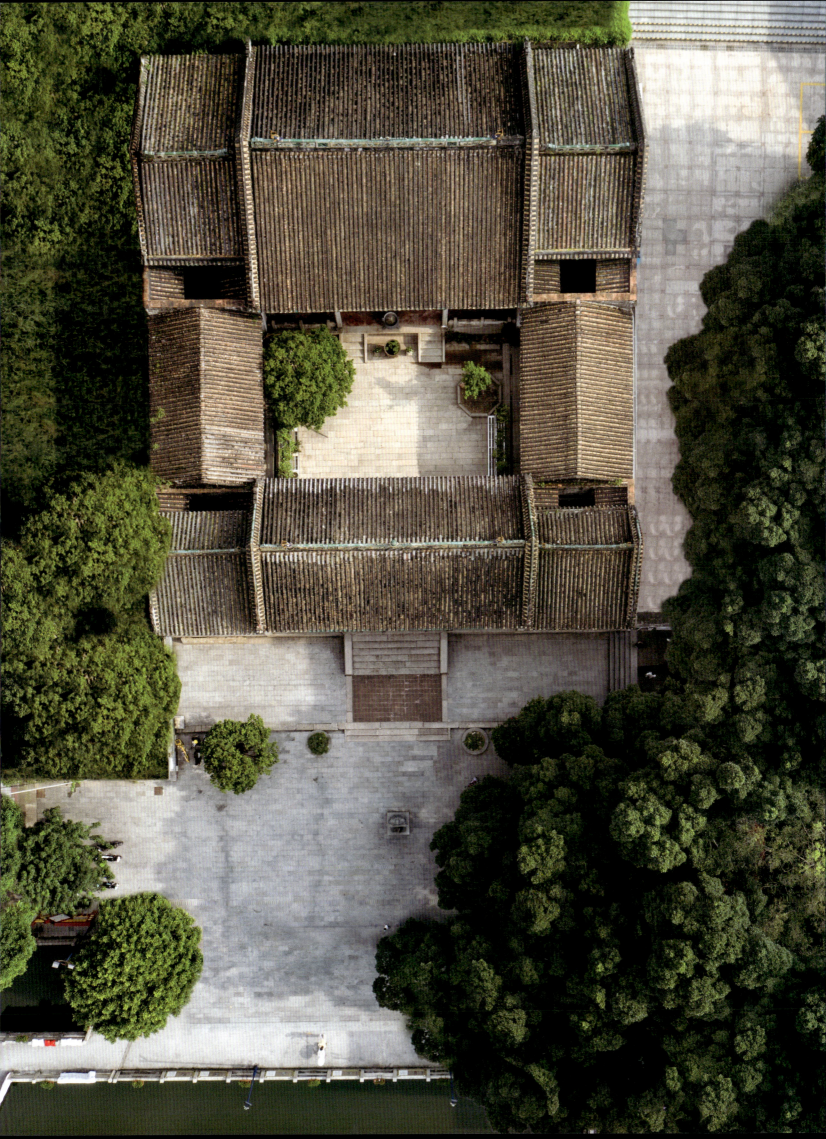

▲ 宋名贤陈大夫宗祠前座头门为戟门型三间开一，门廊左右列仪仗

▲ 宋名贤陈大夫宗祠后座世德堂。前后座的坡屋面下正中各有两条断口为方的椽子（桷），不同于其他"鸡胸"飞椽

▲ 宋名贤陈大夫宗祠世德堂内景（修葺工程正在进行）

▲ 宋名贤陈大夫宗祠前座建筑面阔五间，祠堂前面立有陈子壮雕塑，现成为社区居民不错的休憩广场

宋名贤陈大夫宗祠头门正脊上置琉璃鳌鱼、宝珠脊刹，特别是陶瓷花脊的牡丹花枝造型优美，是十分稀有的清代精品

▲ 宋名贤陈大夫宗祠后座正脊上置琉璃罗马数字陶瓷时钟脊刹，是十分稀有的反映中西交流的精品

▲ 垂脊上玩弄镂空球的琉璃陶塑狮子

▲ 宋名贤陈大夫宗祠后座世德堂正厅。前后金柱撑起七架叠梁式架

▲ 宋名贤陈大夫宗祠卷廊的夔龙式梁架

▲ 宋名贤陈大夫宗祠倒座厢房的隔扇门

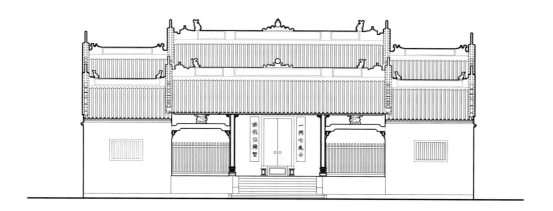

▲ 宋名贤陈大夫宗祠－正立面图

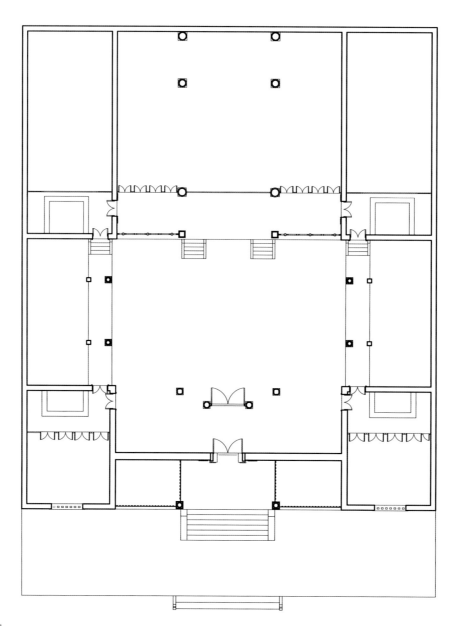

▲ 宋名贤陈大夫宗祠－平面图

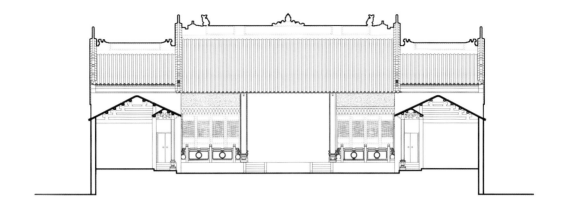

▲ 宋名贤陈大夫宗祠－正剖面图

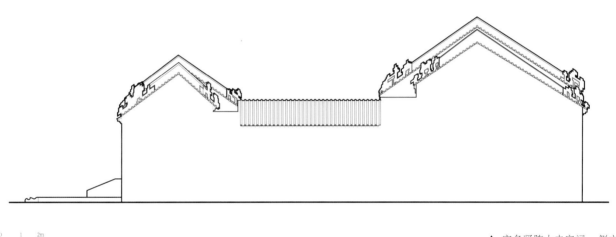

▲ 宋名贤陈大夫宗祠－侧立面图

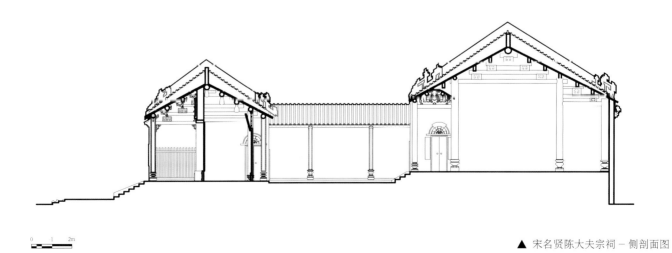

▲ 宋名贤陈大夫宗祠－侧剖面图

2 岭南著名古建筑 3D 数字化图录　　2.2 宋名贤陈大夫宗祠

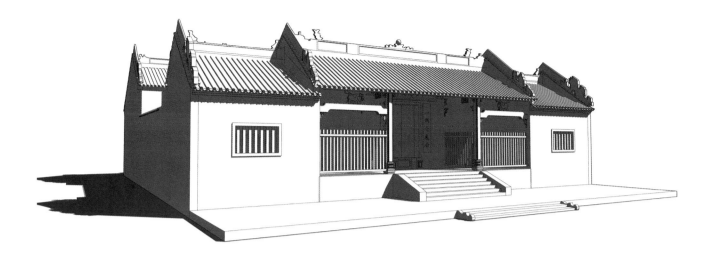

▲ 宋名贤陈大夫宗祠－低点透视图

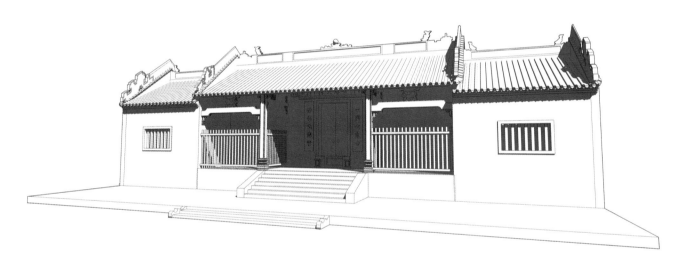

▲ 宋名贤陈大夫宗祠－正面透视图

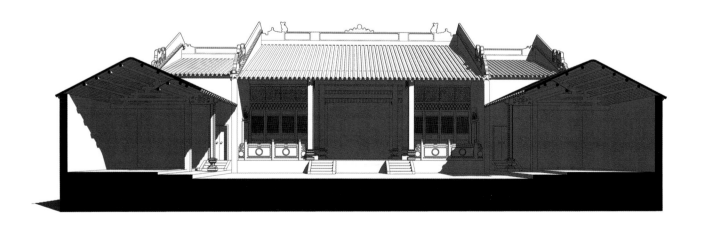

▲ 宋名贤陈大夫宗祠－正剖面透视图

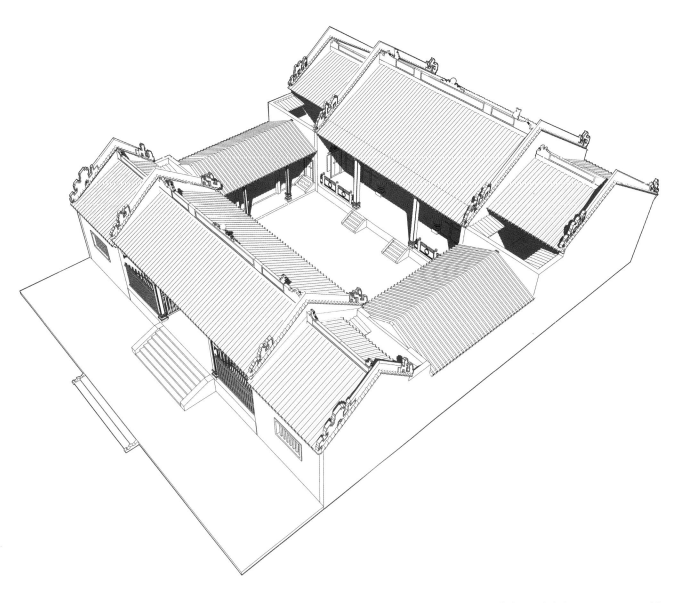

▲ 宋名贤陈大夫宗祠－鸟瞰透视图(1)

▲ 宋名贤陈大夫宗祠－侧剖面透视图

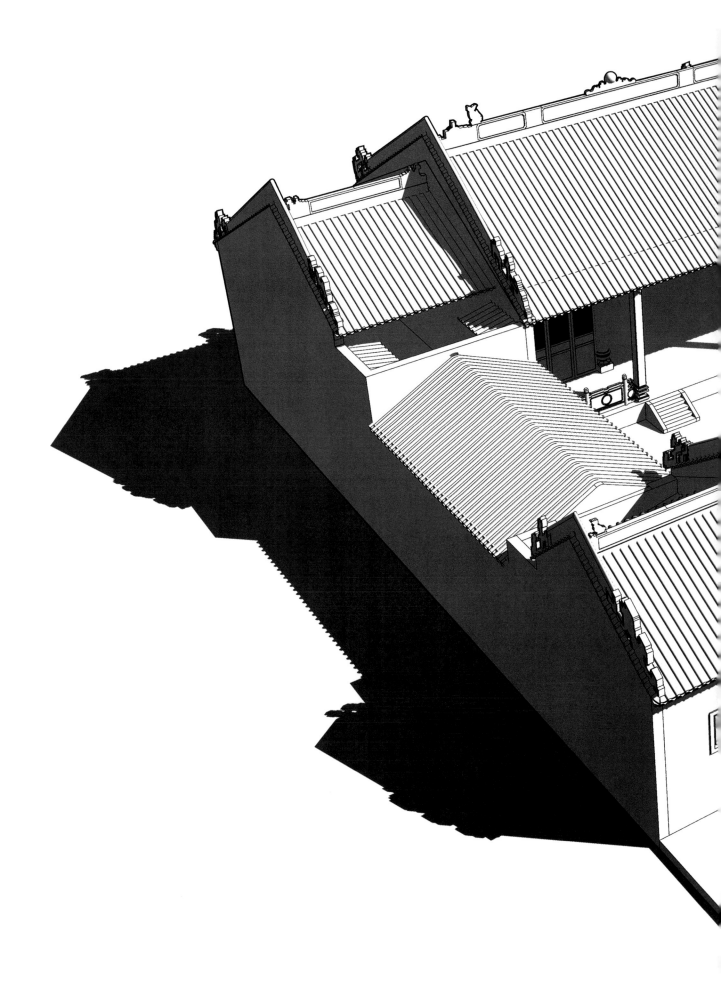

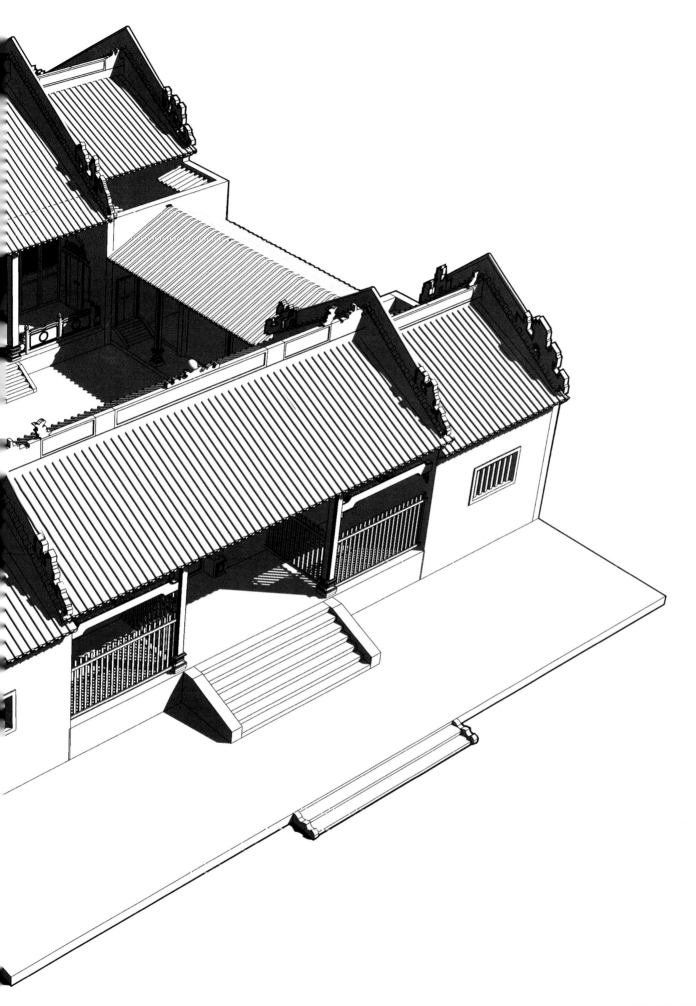

▲ 宋名贤陈大夫宗祠－鸟瞰透视图 (2)

2.3 海幢寺·大雄宝殿
Hoi Tong Monastery · Main Hall

海幢寺坐落在广州古城珠江河南岸，对岸就是两广总督行署官衙、清代对外贸易中心的十三行商馆区。寺始建于明代末期，至今已有300多年历史。

18世纪是海幢寺的鼎盛时期。其时寺庙格局庄严，殿堂雄伟，环境清幽，拥有广州最大的园林，寺内外环境及风景俱佳，曾是古代岭南名人雅士修身雅集的胜地。康熙年间，海幢寺拥有大雄宝殿、天王殿、山门、塔殿等建筑23座，并拥有"花田春晓""古寺参云""珠江破月""江城夜雨""海日吹霞"等八大景观，因其园林环境和人文历史而闻名四海，成为岭南的一方雄刹。1757年后，因清朝"一口通商"，这里成为官方每月指定日期，固定对外国商人开放的，广州郊游区唯一一处宗教场所，更成为接见外使的场所（清代两广总督长麟在此迎接马戛尔尼所率英国使团，接见德胜所率荷兰使团），名声远扬海外，成为清代西方人眼中广州形象的代表。

1928年，海幢寺被辟为河南公园，1933年改名海幢公园，1993年恢复为海幢寺。近代中国许多电影都在此取景，如新中国拍摄的反映第一次大革命的电影《大浪淘沙》。

海幢寺主体建筑从北往南，以山门、天王殿、大雄宝殿为中轴线，围绕中轴线错落有致地布置其他建筑。亦寺亦园是海幢寺建筑群布局最大的特色，园内多为过百年的常绿古榕和菩提树及花木。超凡脱俗与世俗烦嚣一体，庄严肃穆与闲适典雅共存，海幢寺建筑与寺院的整体风格，体现出造院者较高的文化素养，以及对中华建筑文化特别是岭南建筑文化的独特感悟。

中轴线上的大雄宝殿是海幢寺最重要的殿堂。殿平面呈长方形，面阔七间，进深五间。六柱十八椽架梁，抬梁穿斗式大木梁架结构，内檐柱上施三跳斗栱，下檐柱出两跳插栱。四周柱间槛墙全部开有斜方格窗或直棂槅扇门，环以回廊，围以石栏板（近年大修卸除）。

大殿重檐歇山顶，屋面整体为绿色琉璃陶瓦，屋脊为平脊砌绿琉璃蟠龙浮雕花脊，正脊下层为两条灵动的蛟龙云纹灰塑，上层砌双龙夺宝和凤凰、仙鹤、仙鹿、瑞兽及花草纹饰的琉璃浮雕花脊。上置琉璃陶塑葫芦宝瓶脊刹，两端部各有倒悬吞脊鳌鱼陶塑。上檐垂脊上置仙人、天将，上檐戗脊上置蹲兽，下檐角戗脊上置蹲兽、戗龙等陶塑。整个大殿外貌古朴、恢宏，明代建筑风格明显。

▶ 海幢寺坐落在广州市海珠区同福中路和南华中路之间，原址为五代南汉的千秋寺。明朝后期，光牟、池月两位僧人向园主郭龙岳募缘得地兴建佛堂，依佛经"海幢比丘潜心修习《般若波罗蜜多心经》成佛"之意取名海幢寺。建筑群组坐南朝北，清代顺治、康熙年间扩建大雄宝殿、天王殿、塔殿、山门等建筑，寺院规模超过现寺三倍。寺院北临珠江，南倚万松岭，成为广州五大丛林之一

海幢寺大雄宝殿

▲ 海幢寺石牌坊

▲ 海幢寺山门

▲ 海幢寺院内数百年的古榕、菩提树，散落在泮池、天王殿、藏经阁、六祖殿、观音殿等建筑的前后左右

▲ 海幢寺鸟瞰

▲ 海幢寺天王殿

▲ 海幢寺院内的钟楼和地藏殿、大雄宝殿、海会塔殿、念佛堂等

▲ 海幢寺大雄宝殿高扬的角翼上的蹲兽、鸱龙更显威武

▲ 海幢寺大雄宝殿上檐一圈三跳的斗栱和四周墙身柱间槛墙全开斜方格隔扇门窗，通风透气，使屋顶更加轻盈

▲ 海幢寺大雄宝殿的下檐鸱脊龙，琉璃陶塑蹲兽

▲ 海幢寺大雄宝殿正面。殿内供奉三座高 6m、重 6t 的黄铜佛像，中间为释迦牟尼佛，左边为药师佛，右边为阿弥陀佛。背后为观音菩萨

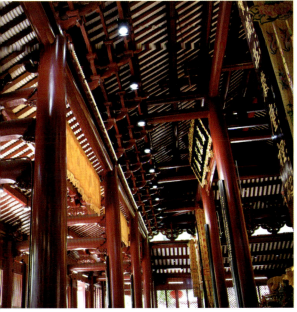

▲ 海幢寺大雄宝殿下檐为穿斗式梁架，上檐柱撑起的一圈斗栱

▲ 海幢寺大雄宝殿回廊的檐柱、廊柱

▲ 大雄宝殿金柱撑起八架梁，叠梁式构架

2 岭南著名古建筑 3D 数字化图录　2.3 海幢寺·大雄宝殿　| 087

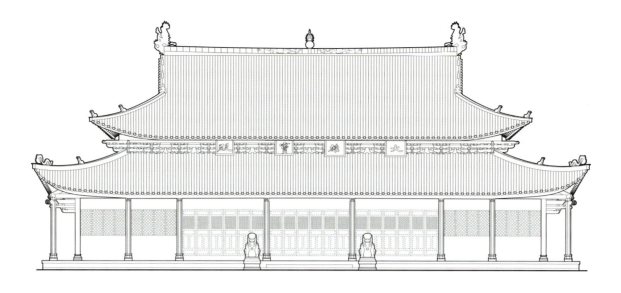

▲ 海幢寺大雄宝殿－正立面图

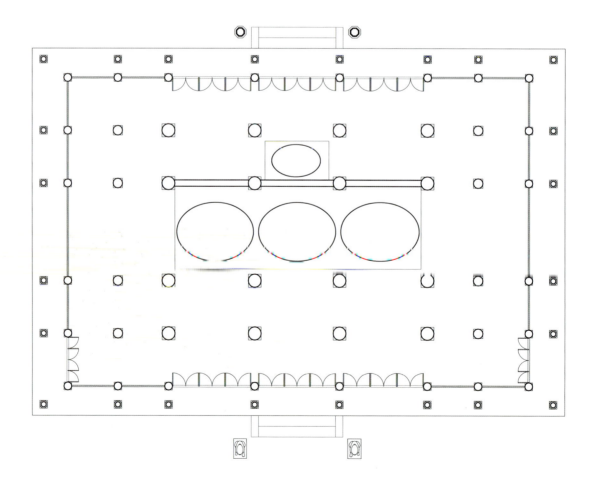

▲ 海幢寺大雄宝殿－平面图

▲ 海幢寺大雄宝殿 - 正剖面图

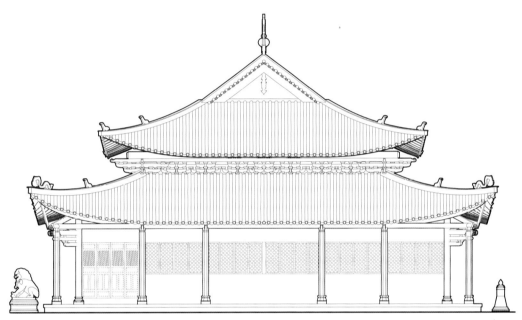

▲ 海幢寺大雄宝殿 - 侧立面图

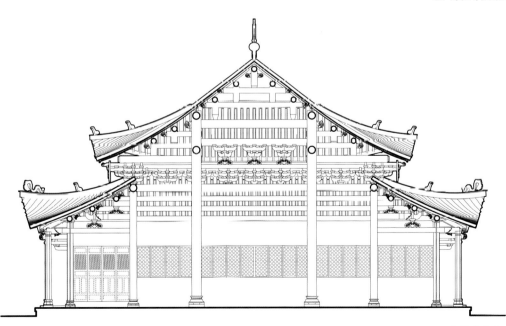

▲ 海幢寺大雄宝殿 - 侧剖面图

2 岭南著名古建筑 3D 数字化图录   2.3 海幢寺·大雄宝殿   089

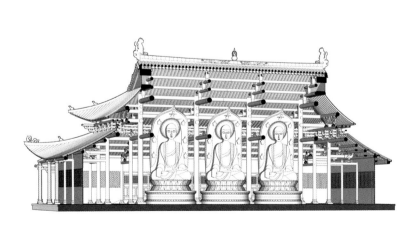

▲ 海幢寺大雄宝殿－正剖面透视图

▲ 海幢寺大雄宝殿－侧剖面透视图

▲ 海幢寺大雄宝殿 – 正面透视图

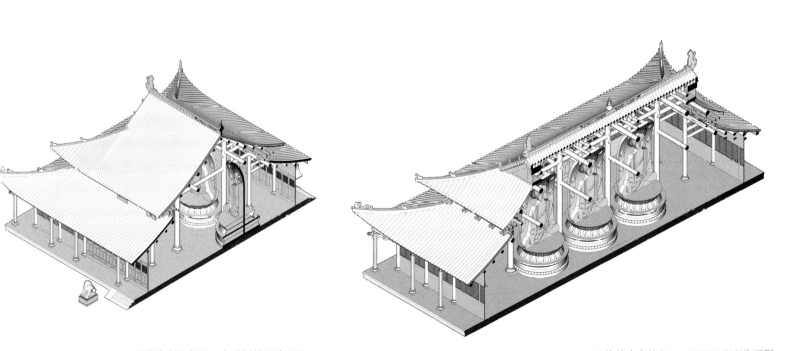

▲ 海幢寺大雄宝殿 – 鸟瞰侧剖面透视图

▲ 海幢寺大雄宝殿 – 鸟瞰正剖面透视图

2 岭南著名古建筑 3D 数字化图录　　2.3 海幢寺·大雄宝殿　　│　091

▲ 海幢寺大雄宝殿－低点透视图(1)

▲ 海幢寺大雄宝殿－鸟瞰透视图(1)

▲ 海幢寺大雄宝殿－檐角局部透视图

▲ 海幢寺大雄宝殿－低点透视图(2)

▲ 海幢寺大雄宝殿 梁架局部透视图

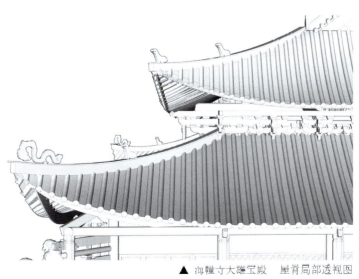

▲ 海幢寺大雄宝殿 屋脊局部透视图

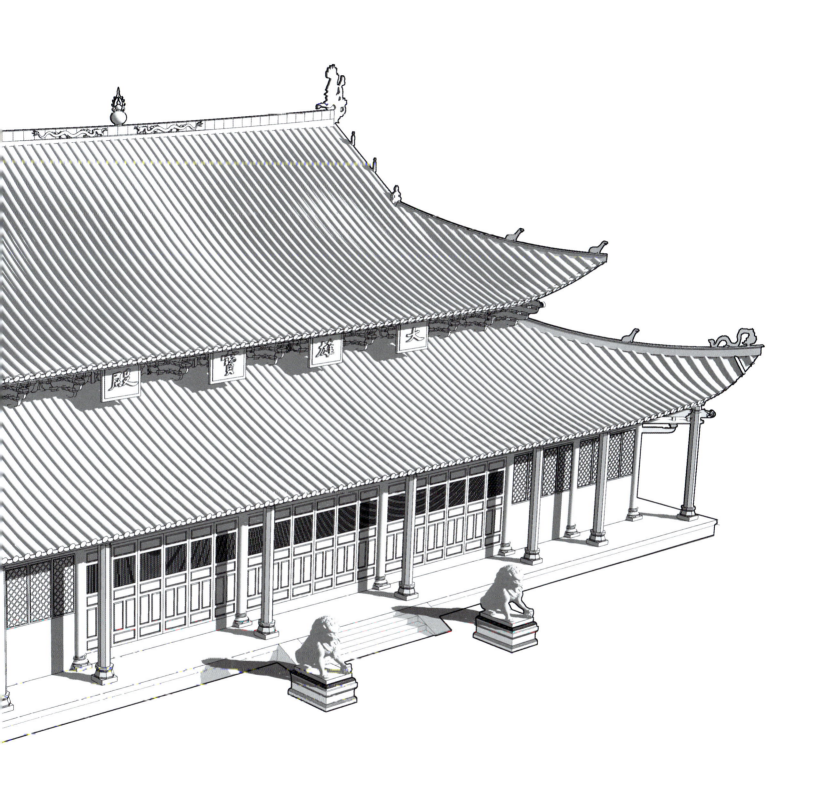

▲ 海幢寺大雄宝殿 — 鸟瞰透视图(2)

2.4 国恩寺·大雄宝殿
Guoen Temple · Main Hall

广东新兴国恩寺，又名龙山寺，由六祖惠能大师开山创建，始建于唐代高宗弘道元年（683年），是一处著名的佛教圣地，它与广州光孝寺，广东曲江南华寺一道并称佛教六祖的三大祖庭。

国恩寺是六祖惠能弘法和圆寂的地方。六祖慧能为报父母养育之恩，建寺时将寺定名为"报恩寺"，唐中宗于神龙二年（706年）下诏赐名为"国恩寺"。

作为中国禅文化的发祥地之一，国恩寺是一组较为庞大的建筑群，又是一组颇有岭南建筑特色的典型中国禅宗寺院。建筑依山就势而建，殿堂鳞次栉比，主体格局为三进院落，坐东北向西南。中路形成中轴，前后三进，分别是金刚殿、大雄宝殿、六祖殿。两廊有达摩、地藏王、目连、文殊、普贤等诸天佛殿、禅房，寺侧还有观音堂、报恩塔等建筑物。

现占地面积达1万m²，主体建筑建于明清时期，金刚殿、大雄宝殿、六祖殿三大殿与山门牌坊仍保留着明代风格的建筑布局和结构形式以及装饰工艺。

大雄宝殿是国恩寺最重要的殿堂，面阔三间14m，进深四间12m。大殿为硬山顶坡屋顶，素胎板瓦、灰埂，人字山墙，灰塑博古花脊，屋架为大木抬梁架构，雕刻龙凤鸟麓和卷云图案，殿前设月台，檐廊有石柱、石础。

在中国汉传佛教的寺院里，大雄宝殿两边供奉的罗汉一般都是十六或者十八个，而六祖惠能故居国恩寺的大雄宝殿两边却供奉着二十罗汉。这是为了纪念神会、法海等一批有道行的高僧舍身护法，在火海中救回《六祖法宝坛经》（六祖一生弘扬的正法眼藏，整理辑录而成的经书）。

▶ 国恩寺位于广东省新兴县六祖镇的龙山脚下，是一座典型的中国禅宗寺院，由六祖惠能故居改建而成。经历代不断修葺扩建，寺庙规模宏伟，装饰华丽。由于各主体殿阁建造时间前后不一，所处地形虽为山麓，但是依然坚持了传统的中轴对称的布局方式。报恩塔没有遵循传统塔院形式，而位于大殿一侧，这可能是出于地形的考虑。为扭正寺院三大殿大门朝西成"阴门"的形势，增建东南向的山门牌坊。山门牌坊上的龙虎汇石湾陶塑距今四百余年，是岭南陶塑不可多得的优秀历史文物

▲ 国恩寺大雄宝殿坐落在石台基上，殿前设月台

▲ 国恩寺大雄宝殿檐廊的石柱、石础

▲ 国恩寺大雄宝殿檐廊，彩绘木雕封檐板、额枋、柁墩

▲ 国恩寺大雄宝殿正中供奉贴金三世佛（中间为释迦牟尼佛，左侧为药师佛，右侧为阿弥陀佛）

▲ 国恩寺大雄宝殿内景

▲ 国恩寺大雄宝殿两边供奉二十罗汉

▲ 国恩寺大雄宝殿大殿承托九架叠梁大木结构的金柱

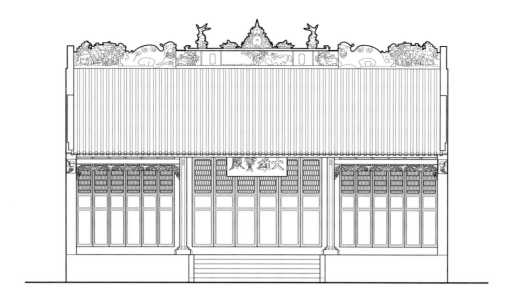

▲ 国恩寺大雄宝殿 – 正立面图

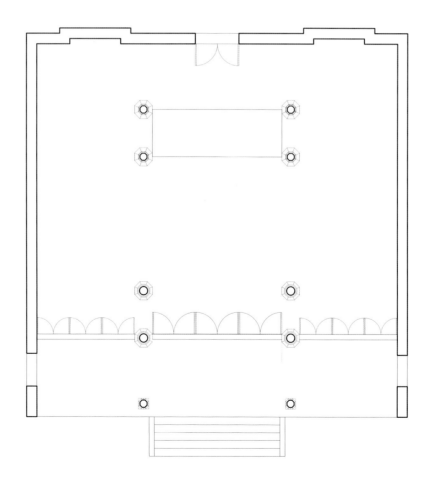

▲ 国恩寺大雄宝殿 – 平面图

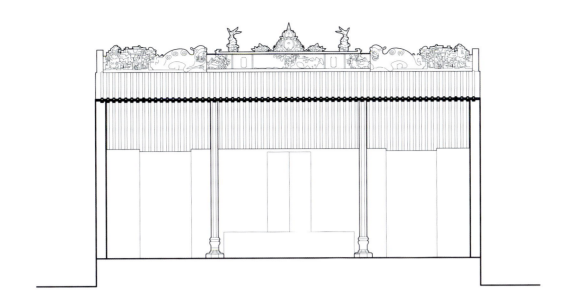

▲ 国恩寺大雄宝殿 - 正剖面图

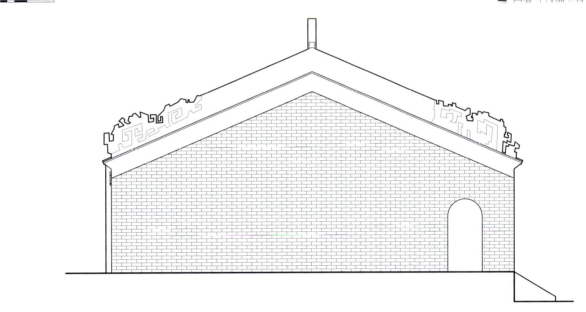

▲ 国恩寺大雄宝殿 - 侧立面图

▲ 国恩寺大雄宝殿 - 侧剖面图

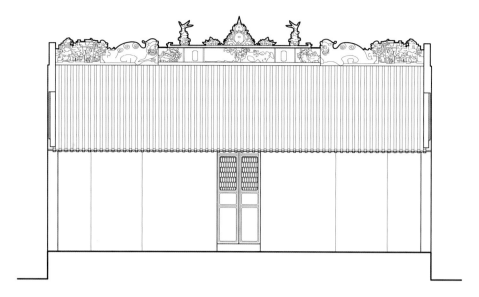

▲ 国恩寺大雄宝殿 – 背立面图

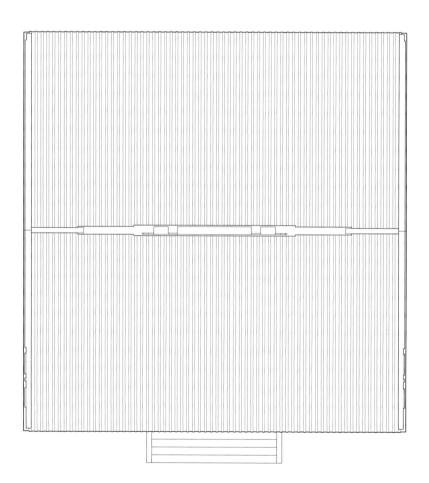

▲ 国恩寺大雄宝殿 – 屋顶平面图

▲ 国恩寺大雄宝殿－低点透视图（1）

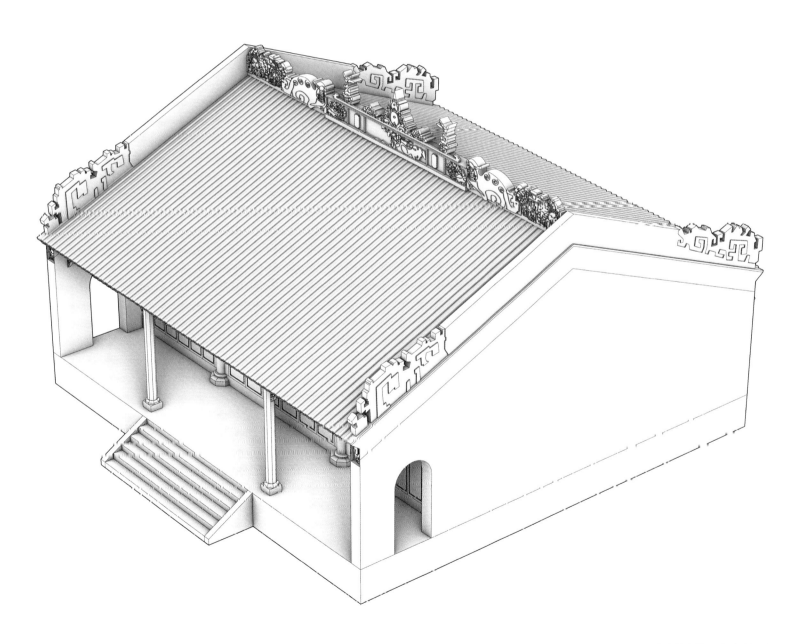

▲ 国恩寺大雄宝殿－鸟瞰透视图

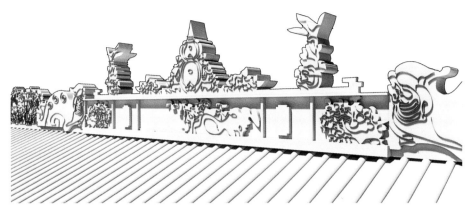
▲ 国恩寺大雄宝殿－正脊脊饰细节透视图

▲ 国恩寺大雄宝殿－桁梁架细节透视图（1）

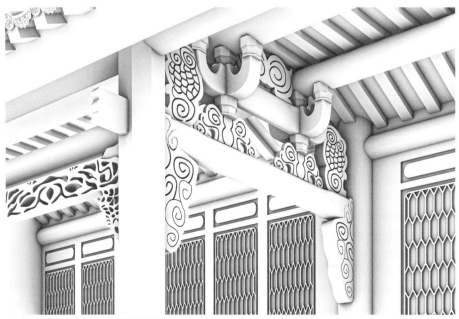
▲ 国恩寺大雄宝殿－桁梁架细节透视图（2）

▲ 国恩寺大雄宝殿 - 低点透视图（2）

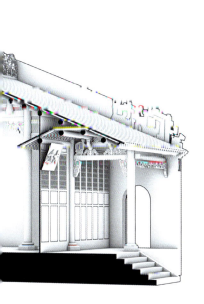

▲ 国恩寺大雄宝殿 - 侧剖面透视图（1）

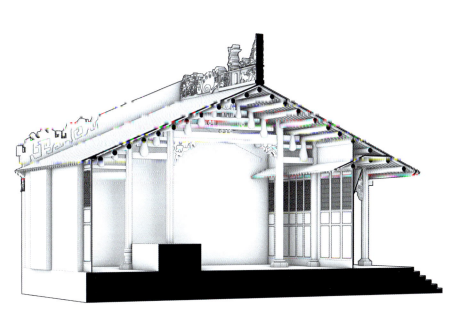

▲ 国恩寺大雄宝殿 - 侧剖面透视图（2）

2 岭南著名古建筑 3D 数字化图录　2.4 国恩寺·大雄宝殿 | 107

2.5 妈阁庙
A-Ma Temple

妈阁庙位于澳门半岛西南部、半岛西端内港入口处，依山而筑，背山面海，自由布局。主要由大门、牌坊、正殿、弘仁殿、观音阁和正觉禅林组成，有石狮护门，飞檐凌空，民族特色鲜明。

妈阁庙是澳门庙宇建筑中最古老的建筑群，各建筑规模虽小而简，但却与自然融合，布局错落有致。妈阁庙的建筑物分别建于不同时期：1751年完稿的《澳门记略》附图上可见整座庙宇已有一定规模，观音阁与正觉禅林雏形初现，道光八年（1828年）初具规模。

妈阁庙采用传统的歇山顶式建筑形式，屋顶素胎板瓦、绿色琉璃瓦筒、滴水瓦当剪边，屋脊为灰塑博古花脊。除观音阁供奉观音外，正殿、弘仁殿和正觉禅林均供奉妈祖。有"神山第一殿"之称的正殿，以花岗石为主材，柱、梁、部分墙体及屋顶均以石材修筑；正觉禅林位于正殿右侧，为梁架结构；庙内最先落成的弘仁殿以半山上的山体石岩为后壁，屋顶墙身亦以花岗石围合仅 $3m^2$ 的石室，内壁有金童玉女及天将浮雕。

正林禅寺位于妈阁庙左侧台地，由万派朝宗坊牌楼、庭院、正殿组成，是典型的佛道合一的宗教建筑。正殿为三开间硬山顶建筑，殿内供奉天妃娘娘，建筑山墙形式是岭南建筑典型的镬耳山墙。

现存的正林禅寺是钢筋混凝土结构仿古复建建筑，原寺庙于1988年毁于大火。

▶ 妈阁庙，古称海觉寺，又名妈祖阁，俗称天后宫，位于澳门特别行政区风顺堂区半岛南部妈阁庙前地，是世界文化遗产——澳门历史城区的重要组成部分。妈阁庙除观音阁供奉观音外，正殿、弘仁殿和正觉禅林皆供奉妈祖。还有许多摩崖石刻，为历代官宦名士的诗词题字，尤以"洋船石"和"海觉石"的年代最为久远

▲ 妈阁庙山门由花岗石建造而成，中门顶部正脊为飞檐状翘脚灰塑花脊，脊上置陶塑鳌鱼、宝珠脊刹

▲ 妈阁庙院内的弘仁殿屋脊

▲ 妈阁庙院内的正觉禅林镬耳山墙

▲ 妈阁庙正觉禅林正面。正殿为梁结构建筑。墙身有泥塑装饰，墙顶则以琉璃瓦装饰，瓦檐下是象征斗拱的泥塑花饰，琉璃瓦飞檐及陶瓷制宝珠脊饰

▲ 妈阁庙院内的正觉禅林侧洞门局部

▲ 妈阁庙院内的正觉禅林正脊

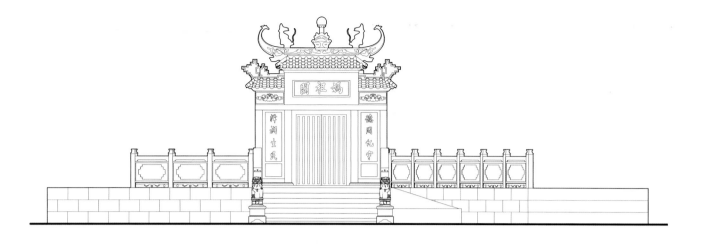

▲ 妈阁庙山门 - 正立面图

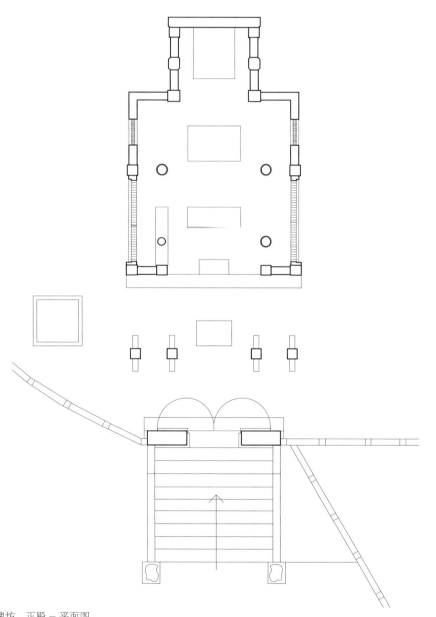

▲ 妈阁庙山门及牌坊、正殿 - 平面图

112 南粤古驿道著名古建筑 3D数字化图录

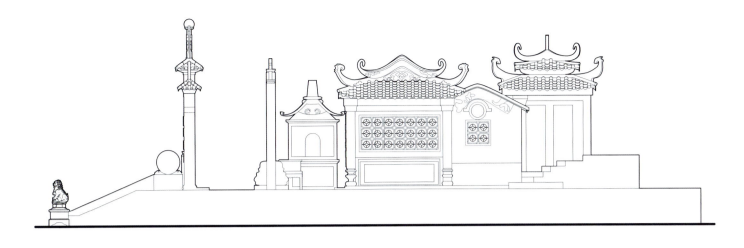

▲ 妈阁庙山门及牌坊、正殿 – 侧立面图

▲ 妈阁庙牌坊 – 正立面图

▲ 妈阁庙正殿 – 正立面图

▲ 妈阁庙正殿 – 侧剖面图

2 岭南著名古建筑 3D 数字化图录　　2.5 妈阁庙 ｜ 113

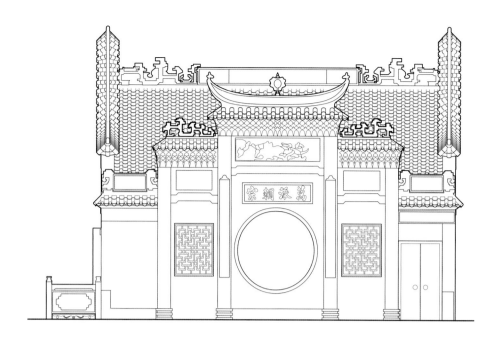

▲ 妈阁庙正觉禅林－正立面图

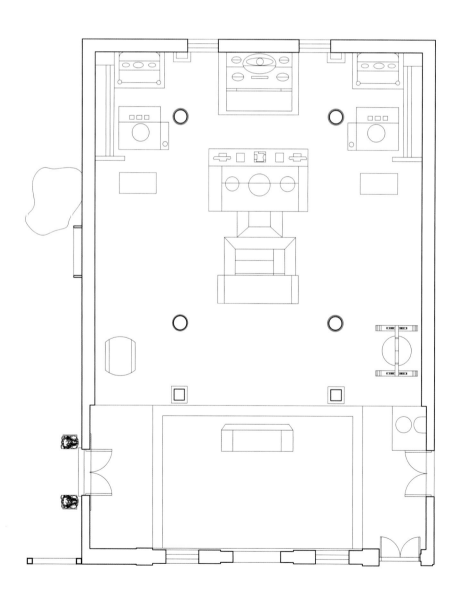

▲ 妈阁庙正觉禅林－平面图

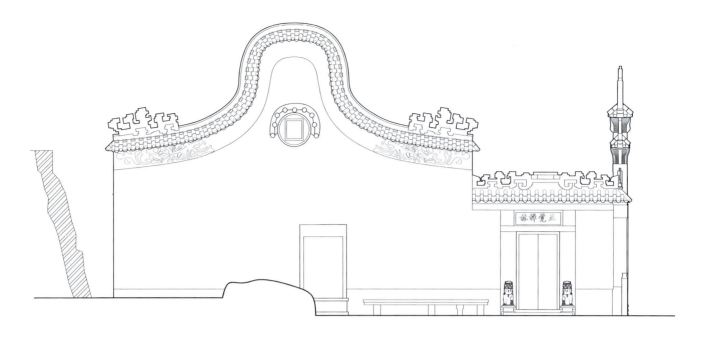

▲ 妈阁庙正觉禅林－侧立面图

▲ 妈阁庙正觉禅林－正殿剖面图

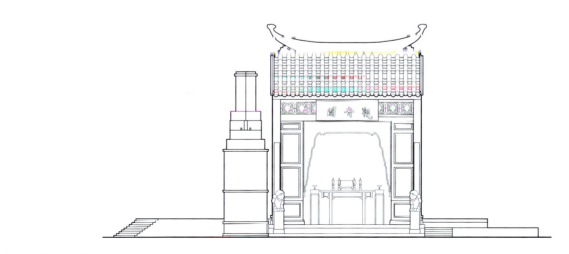

▲ 妈阁庙观音阁－正立面图

2 岭南著名古建筑 3D 数字化图录　2.5 妈阁庙

▲ 妈阁庙－山门及正殿鸟瞰透视图(1)

▲ 妈阁庙－山门及正殿低点透视图(1)

▲ 妈阁庙－山门正面透视图

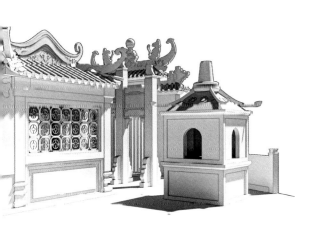

▲ 妈阁庙－正殿后方侧面低点透视图

▲ 妈阁庙－牌坊和正殿低点透视图（2）

2 岭南著名古建筑 3D 数字化图录　　2.5 妈阁庙

▲妈阁庙正觉禅林－低点透视图（2）

▲妈阁庙正觉禅林－低点透视图(1)

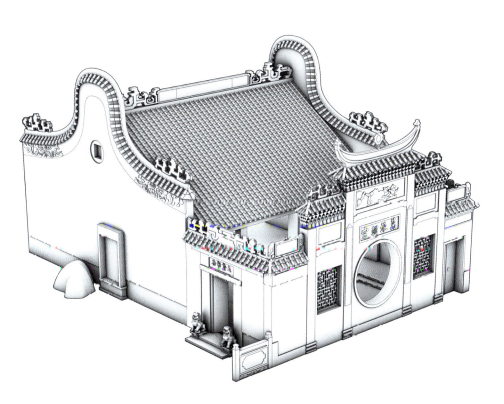

▲妈阁庙正觉禅林－鸟瞰透视图

2 岭南著名古建筑 3D 数字化图录　2.5 妈阁庙　│　119

▲ 妈阁庙－山门及石殿鸟瞰透视图（2）

2.6 光孝寺·大雄宝殿
Guangxiao Temple · Main Hall

光孝寺是岭南地区规模最宏大、历史最悠久的佛教建筑，号称"岭南第一古刹"，"未有羊城，先有光孝"。

光孝寺曾是佛教在岭南弘法活动的中心和联络各方佛教的十方丛林，在岭南佛教史上是独一无二的，它在中外佛教文化交流中发挥了特殊的作用，成为法界枢纽，著名的中外佛教高僧昙摩耶舍（三藏法师）、求那跋陀罗、智药三藏、菩提达摩、波罗末陀（真谛）、金刚智与弟子不空、六祖慧能、义净等都曾在这里弘法布道、传译佛经。历经沧桑的光辉历史和头上的一层层光环，使光孝寺成为岭南历史上无与伦比的千年古刹。

寺院坐北朝南，总体布局以山门、天王殿、大雄宝殿、慈航普渡殿形成中轴线，中轴西侧是鼓楼、伽蓝殿、睡佛殿、西铁塔、大悲幢、西廊，中轴东侧是钟楼、地藏殿、六祖殿、泰佛殿、东廊。寺院占地面积约 32000m²，总建筑面积约 12690m²。

光孝寺的大雄宝殿始建于东晋隆安元年至五年（379~401 年），清代顺治十一年（1654 年）重修扩建，面阔七间 36m，进深六开间 25.4m，面积 1104m²，大殿高 13.6m。

宝殿坐落在高 1.4m 石台基上，分内外两周柱网，柱网整齐，外檐柱 26 根，内檐柱 18 根，金柱 8 根（中间粗、两端略细的梭形柱，柱础为高石雕须弥座）。殿基四周围绕石狮望柱石栏杆，檐廊宽 1.46m，大殿下檐的斗栱采用一跳两昂的重栱六铺作，山檐平缓深远，出檐 2.5m。

宝殿为重檐歇山顶建筑，优美的屋顶和翼角檐口曲线，在整体稳重的框架下，呈现出几分活泼优雅。屋面采用规格很大的黄色琉璃瓦，屋脊为翘角脊灰塑饰面，卷草花纹，造型活泼生动。正脊上置吞脊鳌鱼、葫芦宝瓶脊刹。垂脊和戗脊上置仙人、蹲兽、天将、瑞兽、吞脊鳌鱼、吞脊戗龙等。

殿前月台石庭平展，两侧各高矗一座近 5m 的七级八角石塔式法幢。殿门上悬明代宪宗颁赐的"敕赐光孝禅寺"匾额。殿内供奉佛祖释迦牟尼佛、文殊菩萨、普贤菩萨和迦叶、阿难尊者等贴金青铜尊像。立面在檐柱间槛墙全部开有门窗，斗栱内外之间无栱垫板，建筑内外空间十分通透，使建筑外观既有北方官式殿堂建筑的稳重，又有江南殿堂建筑的清秀，形成了岭南特有的殿堂建筑风格。虽经多次大修，大雄宝殿仍保持着唐宋时期的建筑风格。

▶ 光孝寺位于广州市越秀区光孝路北端近净慧路、广州古城西门附近。初为公元前 2 世纪南越王赵建德之故宅，三国时代的吴国虞翻之家，其后入舍宅作寺。寺名曾几次更改，初名制止寺，东晋隆安五年(401 年)称五园寺，唐代称乾明法性寺，五代南汉时称乾亨寺，北宋时称万寿禅寺，南宋时称报恩广孝寺，不久后改名光孝寺，成为岭南地区规模最宏大、历史最悠久的佛教建筑

光孝寺大雄宝殿

▲ 光孝寺山门正面

▲ 光孝寺院内，天王殿背面

▲ 光孝寺钟楼正面

▲ 光孝寺鼓楼侧面

▲ 光孝寺大雄宝殿正面，宝殿为黄色琉璃瓦重檐屋面，屋脊上置各种陶塑脊饰和色彩艳丽的彩色灰塑饰面，正脊中置葫芦宝瓶脊刹

▲ 光孝寺大雄宝殿上檐正脊、戗脊端部各有倒悬吞脊鳌鱼，下檐角脊端部各有吞脊龙。另各脊上放有形态各异的嘲风、狮子、大象、天将、仙人等陶塑脊饰

2 岭南著名古建筑 3D 数字化图录　　2.6 光孝寺·大雄宝殿　　| 127

▲ 光孝寺大雄宝殿屋檐在斗栱的支撑下，翼角远远伸出

▲ 光孝寺大雄宝殿四周古树苍翠，宝殿后东北侧是著名的圣迹——智药三藏栽的菩提树和纪念六祖慧能树下正式落发剃度受戒、开坛说法的瘗发塔

▲ 宝殿月台上的石狮

▲ 光孝寺大雄宝殿右侧。宝殿坐落在高石台基上，外檐柱 26 根，柱间为槅扇门或槛墙开直棂窗，出昂斗栱上是重檐歇山屋顶

▲ 殿后石栏杆的宋代石狮望柱头

▲ 宝殿月台上的石塔式法幢

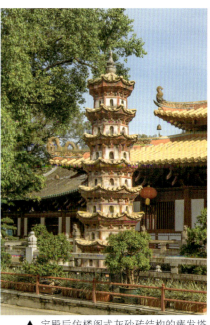

▲ 宝殿后仿楼阁式灰砂砖结构的瘗发塔

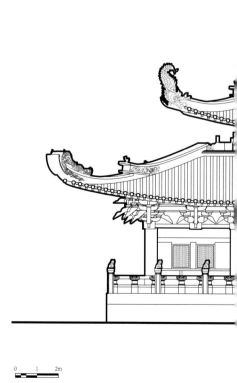

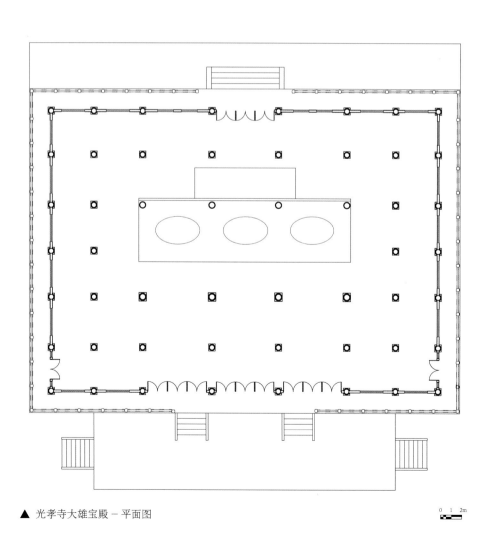

▲ 光孝寺大雄宝殿 – 平面图

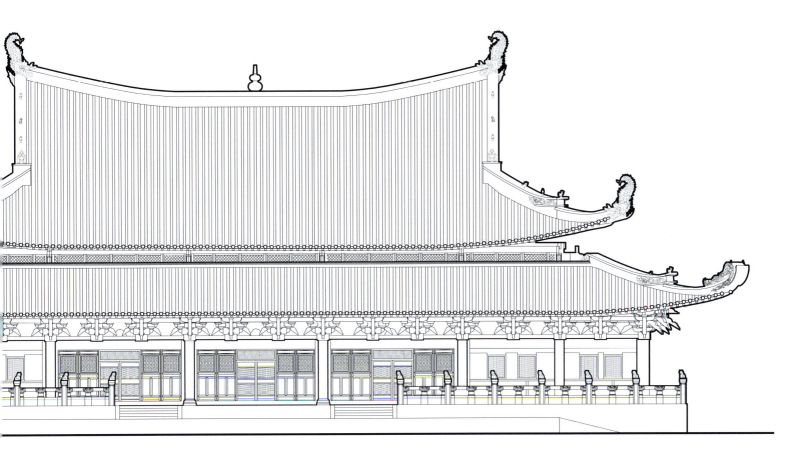

▲ 光孝寺大雄宝殿 – 正立面图

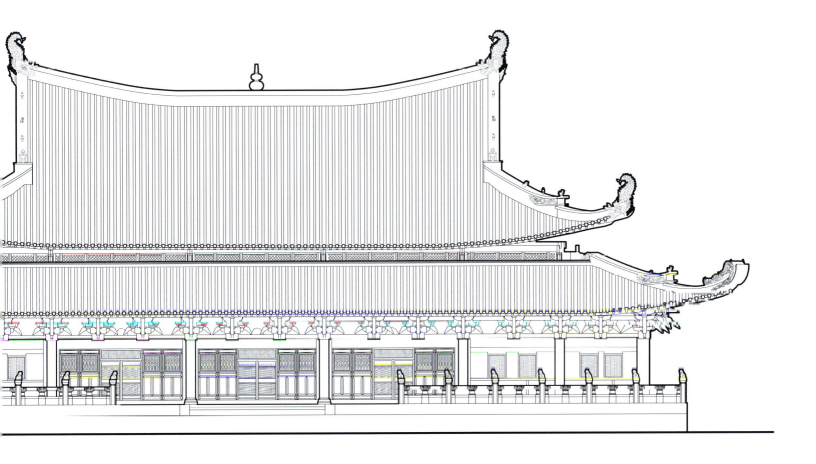

▲ 光孝寺大雄宝殿 – 背立面图

2 岭南著名古建筑 3D 数字化图录　　2.6 光孝寺·大雄宝殿

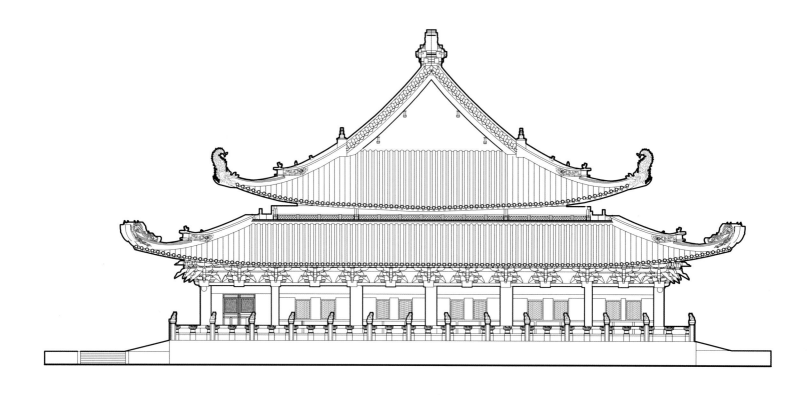

▲ 光孝寺大雄宝殿－侧立面图

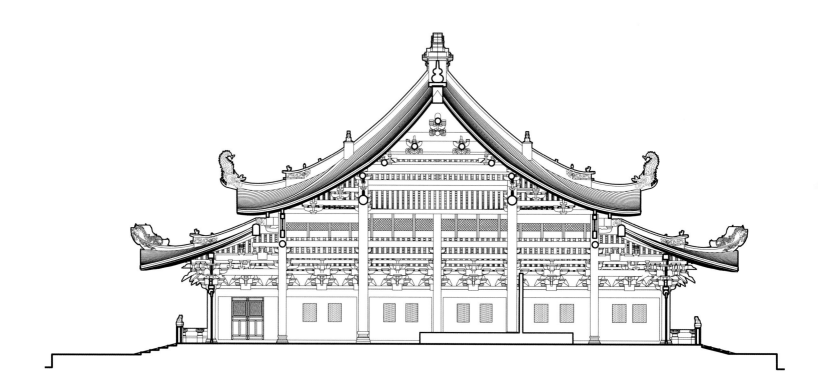

▲ 光孝寺大雄宝殿－侧剖面图

▲ 光孝寺大雄宝殿 – 平鸟瞰透视图

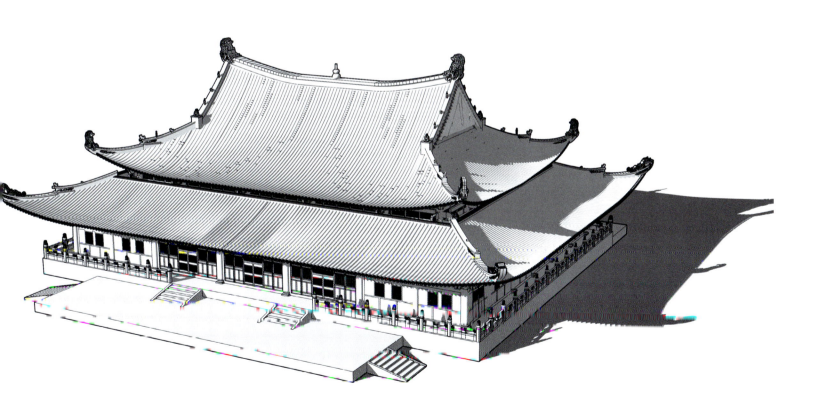

▲ 光孝寺大雄宝殿 – 鸟瞰透视图

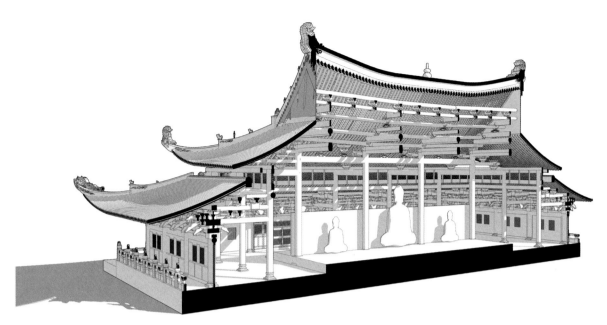

▲ 光孝寺大雄宝殿－正剖面透视图（1）

▲ 光孝寺大雄宝殿－侧剖面透视图（1）

▲ 光孝寺大雄宝殿－正面局部透视图

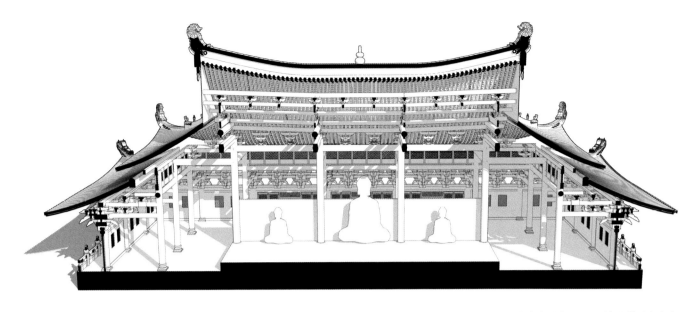

▲ 光孝寺大雄宝殿－正剖面透视图（2）

▲ 光孝寺大雄宝殿－侧剖面透视图（2）

▲ 光孝寺大雄宝殿－建筑室内透视图（1）

▲ 光孝寺大雄宝殿－建筑室内透视图（2）

▲ 光孝寺大雄宝殿 – 半鸟瞰透视图

2 岭南著名古建筑 3D 数字化图录　　2.6 光孝寺·大雄宝殿

2.7 胥江祖庙·武当行宫
Xujiang Ancestral Temple · Wudang Palace

胥江祖庙，又称芦苞祖庙，位于佛山市三水区芦苞镇龙坡山麓，祖庙占地面积约250余亩。祖庙面临北江，四季葱郁，古朴自然。

胥江祖庙始建于南宋嘉定年间（1208年），是三水最古老的寺庙建筑之一，与德庆悦城龙母庙、佛山祖庙齐名，为广东省最有影响的三大古庙。

儒、释、道三教合一是胥江祖庙最大的特色。据《三水县志》："嘉靖五年始立县治，诸庙尽废不再祀礼，唯真武庙独存。"真武庙即胥江祖庙的主体建筑武当行宫，此话的意思是，胥江祖庙被视为三水庙宇之祖，北方真武大帝崇拜香火不断且影响最大。

胥江祖庙主要由三路并列布置的古庙建筑组成，居中为武当行宫，南侧文昌宫，北侧普陀行宫，供奉的各主神分别为北方真武、文曲星君和观音大士，建筑面积达1700m²。武当行宫是胥江祖庙的主要建筑，也是宗教崇拜的中心，其有关道教神系也配置齐全。殿正中紫宵宫内供奉的是主神真武大帝。三路庙宇均为三间二进的四合院式建筑，布局严谨，空间开敞。各庙山门和大殿的屋顶都是硬山顶、三花风火山墙（叠落式山墙）。山门面阔三间，大殿面阔和进深都是三间，房屋为抬梁与穿斗混合式木构梁架结构。三庙之间有横门相通，通道隔一条火巷（弄堂）。三庙的屋脊为博古花脊，正脊分两层，上层为陶塑花脊，上置琉璃鳌鱼、双龙戏珠脊刹。下层为彩色灰塑饰脊。前后座间的两廊屋顶上有女儿墙，上面饰有陶塑、灰塑。雕塑装饰多以古老戏曲和历史典故、神话传说为题材，主要内容包括人物、山水、花卉、鸟兽、珠宝和诗书等，是精心制作的艺术珍品。

武当行宫建筑形体颇具特色，为典型的岭南清代建筑风格。建筑水磨青砖麻石脚墙体，硬山坡屋顶，素胎瓦板，绿色琉璃瓦筒，滴水、瓦当剪边，叠落山墙，灰塑花脊工艺精湛。室内外木雕、石雕、砖雕、陶塑、灰塑、壁画瑰丽精巧，栩栩如生，更显雍容华贵。武当行宫山门前置石狮子是明末雕刻精品。前座正脊陶瓷花脊两端的凤凰和脊上中置的双龙戏珠都是造型优美、光彩照人的琉璃陶塑精品。正脊陶塑花脊部分为文如璧造，头门为清代光绪戊子年（1888年），正殿为清代咸丰三年（1853年）塑造的石湾陶瓷装饰，为现存佛山地区建筑上最早的石湾陶塑。

▶ 胥江祖庙位于佛山市三水区郊外，庙内建筑艺术内涵丰富，除北帝庙、观音庙、文昌庙、华山寺四主体建筑外，园内还有眺望滔滔北江水的望江亭、禹门牌坊、灵光普照牌坊、青云直步牌坊、百步梯、望江楼、普济桥、龟蛇池等景点

胥江祖庙景区三面环水，由远及近为灵光普照牌坊、华山寺、普陀行宫、武当行宫和文昌宫

▲ 胥江祖庙武当行宫正殿坐落在更高的台基上，正面檐廊石柱与木雕额枋撑起叠斗梁架，殿堂更显高大敞亮

▲ 胥江祖庙武当行宫正殿木雕叠斗梁架，出檐施以木雕莲花托

▲ 胥江祖庙武当行宫山门。须弥座石狮子，博古花脊，陶塑、灰塑饰脊，青砖石脚门墙，石洞门，檐廊石雕檐柱、梁头、额枋、隔架、牛腿，雕花木封檐板、大木抬梁架

▲ 胥江祖庙武当行宫天井四周石雕围栏，两廊女儿墙上饰以陶塑、灰塑，人物刻画栩栩如生的《聚义梁山泊》和《三英战吕布》由佛山石湾美术陶瓷厂凌国礼大师精制

▲ 胥江祖庙禹门牌坊－正立面图

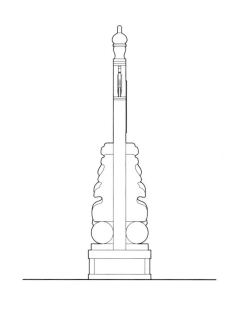

▲ 胥江祖庙禹门牌坊－侧立面图

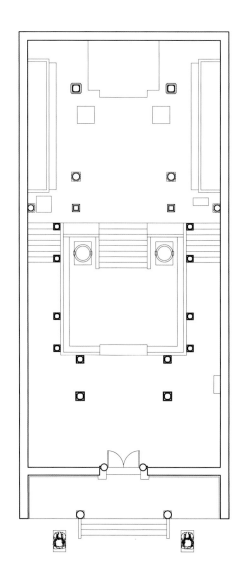

▲ 胥江祖庙武当行宫－平面图

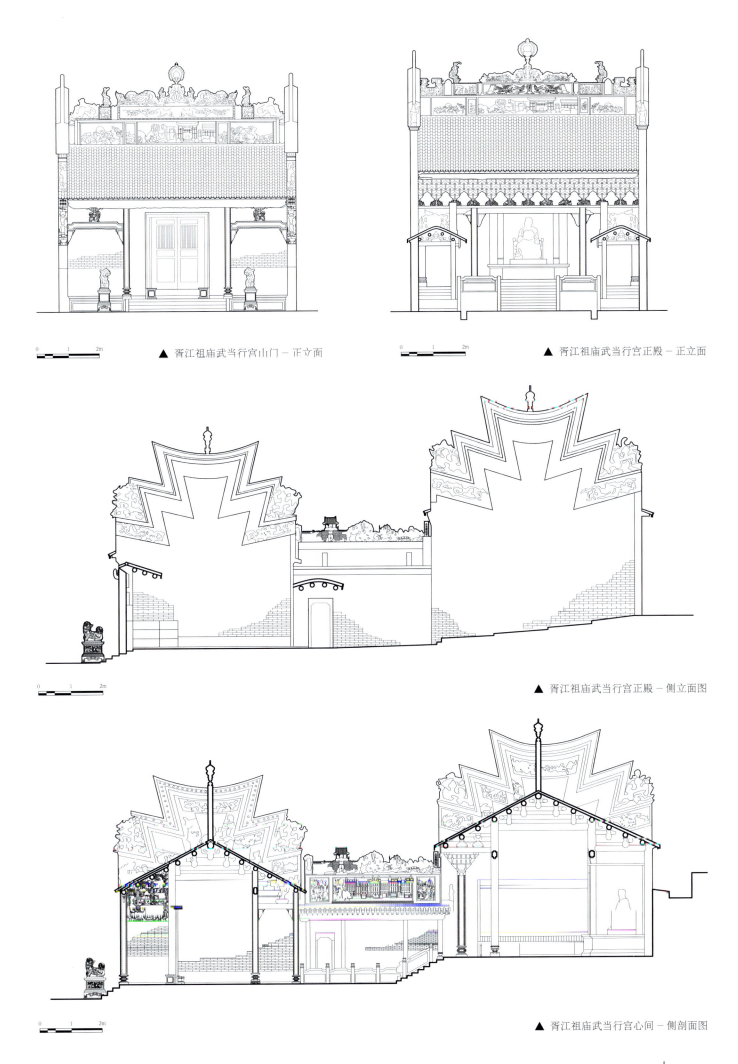

▲ 胥江祖庙武当行宫山门 - 正立面

▲ 胥江祖庙武当行宫正殿 - 正立面

▲ 胥江祖庙武当行宫正殿 - 侧立面图

▲ 胥江祖庙武当行宫心间 - 侧剖面图

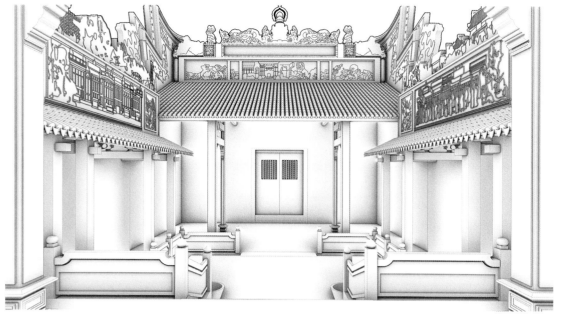
▲ 胥江祖庙武当行宫－天井往外透视图

▲ 胥江祖庙武当行宫－建筑室内透视图（1）

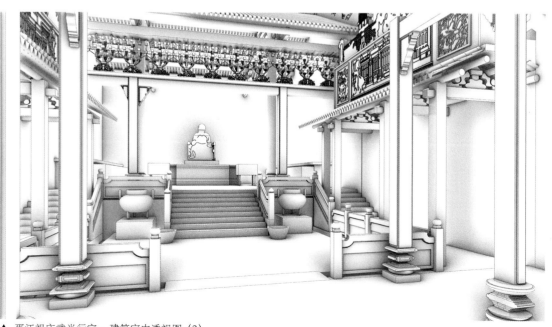
▲ 胥江祖庙武当行宫－建筑室内透视图（2）

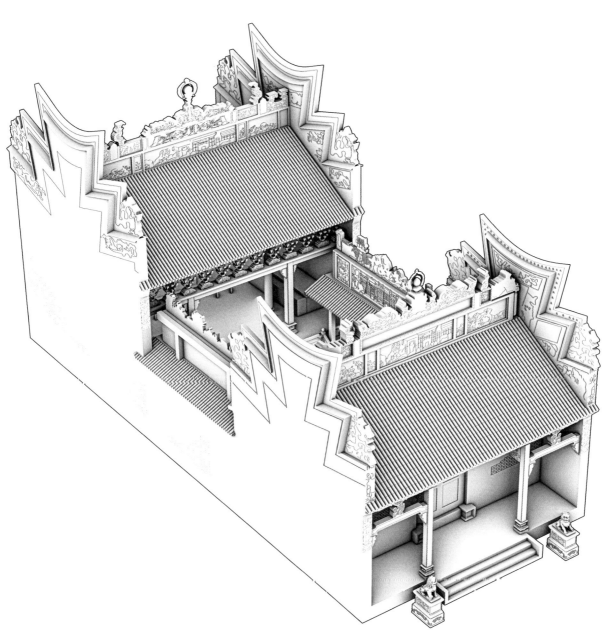

▲ 胥江祖庙武当行宫－鸟瞰透视图

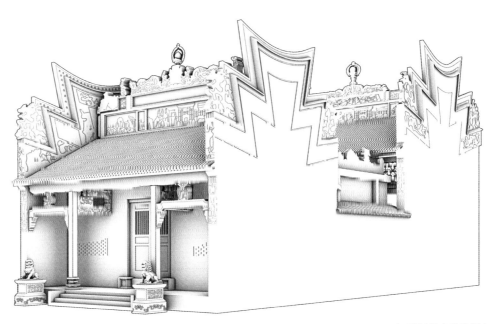

▲ 胥江祖庙武当行宫－低点透视图

2 岭南著名古建筑 3D 数字化图录　2.7 胥江祖庙·武当行宫 | 147

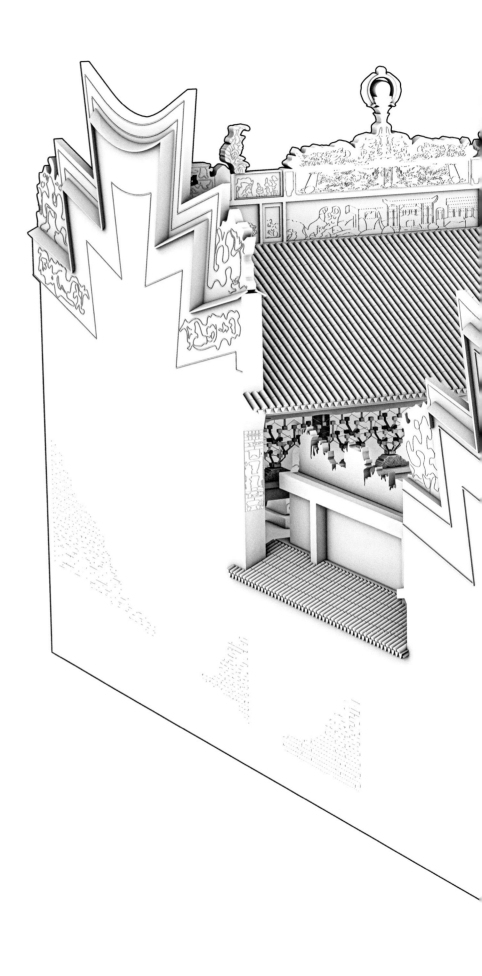

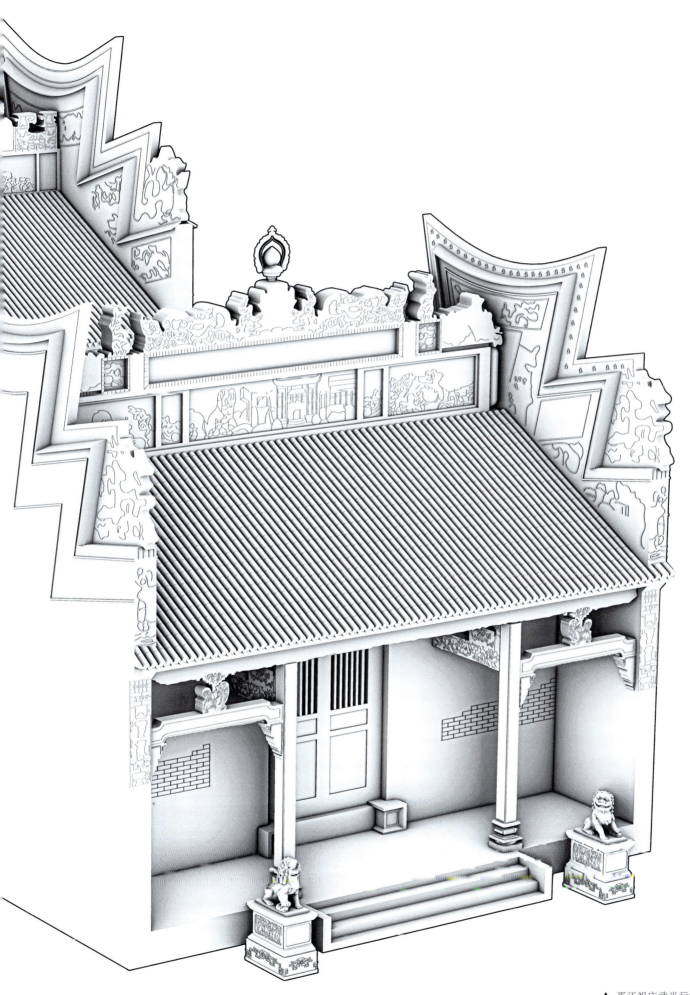

▲ 胥江祖庙武当行宫 – 半鸟瞰透视图

2.8 北帝庙
Pak Tai Temple

澳门北帝庙是一座专门祭祀真武大帝的庙宇。北帝，又称真武大帝、玄武大帝，是统管北方的水神和保护神，在中国民间道教文化中，对于北帝的信仰已经有一千多年的历史。为祈求北帝的庇护，澳门氹仔岛的渔业先民建造了北帝庙。

北帝庙位于澳门氹仔岛地堡街，是澳门唯一一座供奉北帝的庙宇，清道光二十四年（1844年）修建。

北帝庙规模不大，建筑坐落在石台基上，前后座由头门、两廊、天井、后堂组成，前低后高不断抬升。天井左右廊庑开敞，为三间二进的四合院式建筑。建筑为硬山顶坡屋，水磨青砖麻石脚墙体，素胎瓦板，碌灰瓦筒，绿色琉璃滴水、瓦当剪边，叠落山墙。正脊为博古脊，灰塑饰脊。建筑风格古朴，内部古色古香，外形庄严肃穆，四平八稳，一派祥和气氛。檐柱为石柱，有石额枋与山墙构成隔架，头门门廊和后堂拜廊梁架为雕刻大木抬梁式架，柁墩、驼峰、栱架十分精美。头门门厅（有木屏门）和后堂正厅的梁柱为简朴的大木抬梁式架。庙宇的神像、金木浮雕、碑匾雕刻装饰，做工精细；七彩壁画造型生动，栩栩如生，均为存世不多的百年前工艺品。

澳门人庆贺北帝诞的传统延续至今天。每年的4月11日，这里的居民都会在庙前举行盛大的贺诞活动，一连几晚表演神功戏并举行烧香酬神等活动，一时热闹非凡。

▶ 北帝庙位于澳门特别行政区氹仔市区中心嘉模前地，当地人多称之为北帝庙前地，是澳门氹仔最古老的庙宇

▲ 北帝庙屋脊为博古脊灰塑饰面，砖雕山墙墀头，瓦面下的椽子是"鸡胸"飞椽

▲ 北帝庙洞门额石刻书"北帝庙"，壁画绘"笑八仙"典故

▲ 北帝庙正门椽梁及檐栱处，绘有七彩壁画，雕刻装饰

▲ 北帝庙屏门后内景

▲ 北帝庙山门。屋脊为灰塑饰脊，灰埭瓦筒，绿色琉璃滴水、瓦当剪边，青砖石脚门墙，石门洞、石雕廊柱、额枋、柁墩，木雕封檐板，雕花驼峰，短柱大木叠梁式构架

▲ 北帝庙后堂檐廊的拜堂

▲ 北帝庙供奉的玄天上帝

▲ 北帝庙门厅与廊的一角

2 岭南著名古建筑 3D 数字化图录　2.8 北帝庙

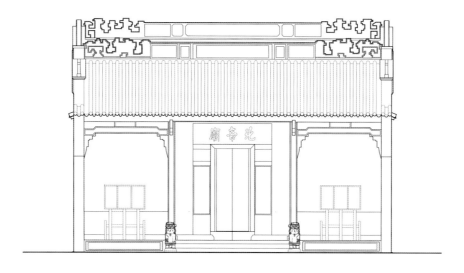

▲ 北帝庙 - 正立面图

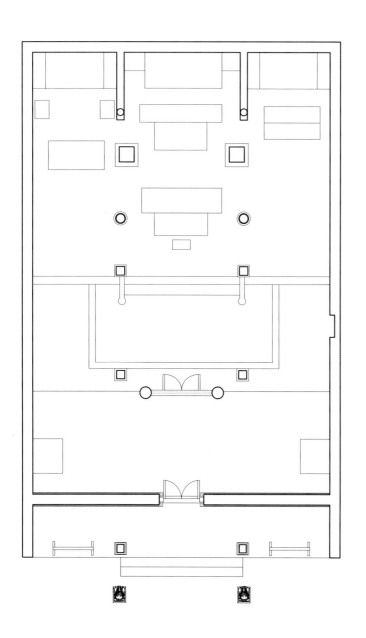

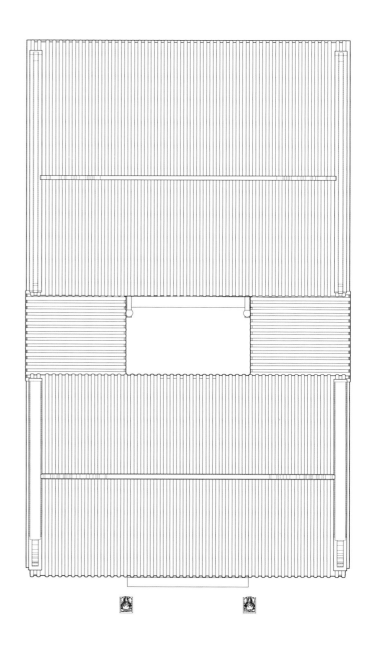

▲ 北帝庙 - 平面图

▲ 北帝庙 - 屋顶平面图

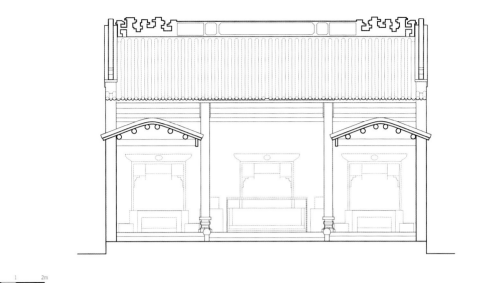

▲ 北帝庙－后堂正立面图

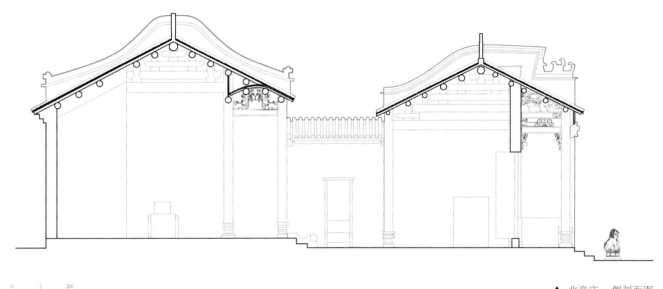

▲ 北帝庙－侧剖面图

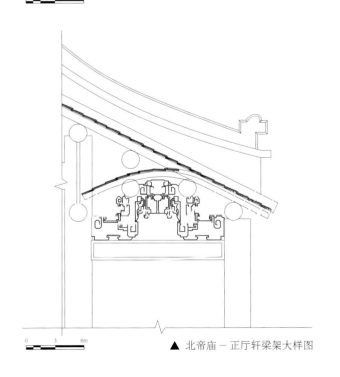

▲ 北帝庙－正厅轩梁架大样图

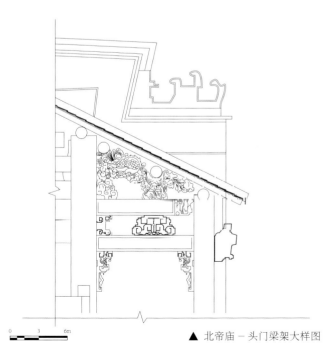

▲ 北帝庙－头门梁架大样图

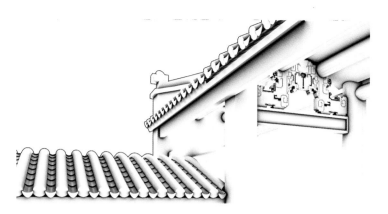

▲ 北帝庙－建筑局部透视图（1）

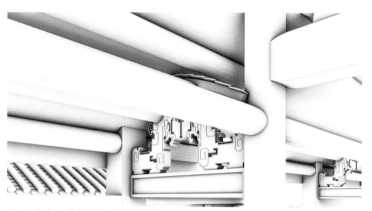

▲ 北帝庙－建筑局部透视图（2）

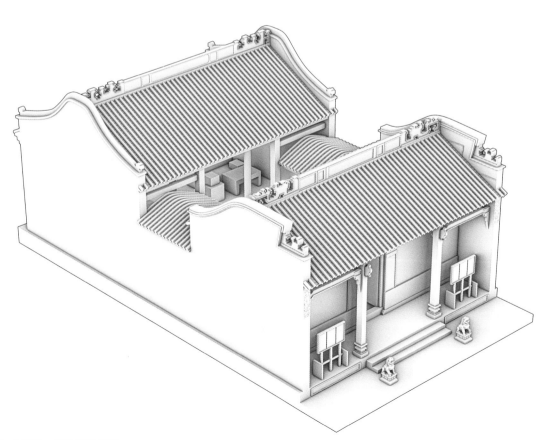

▲ 北帝庙－半鸟瞰透视图

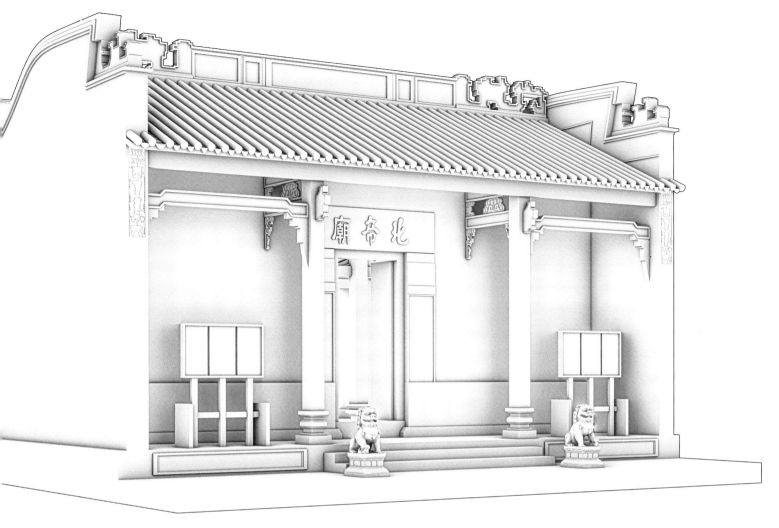

▲ 北帝庙－低点透视图(1)

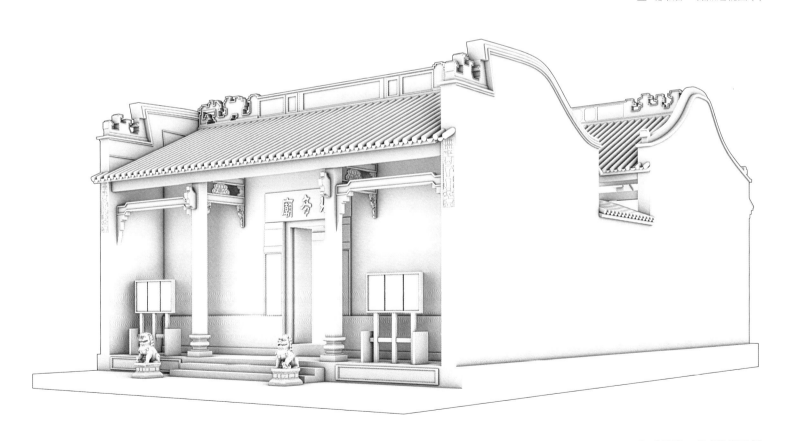

▲ 北帝庙－低点透视图(2)

2 岭南著名古建筑 3D 数字化图录　2.8 北帝庙

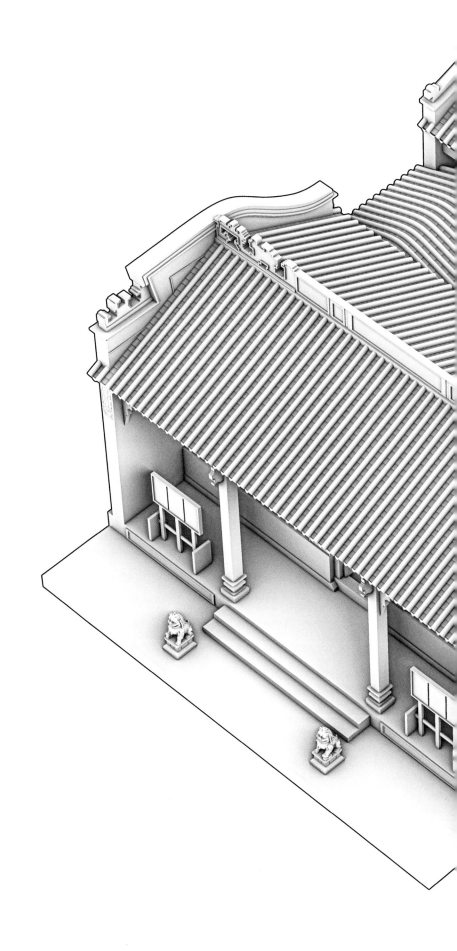

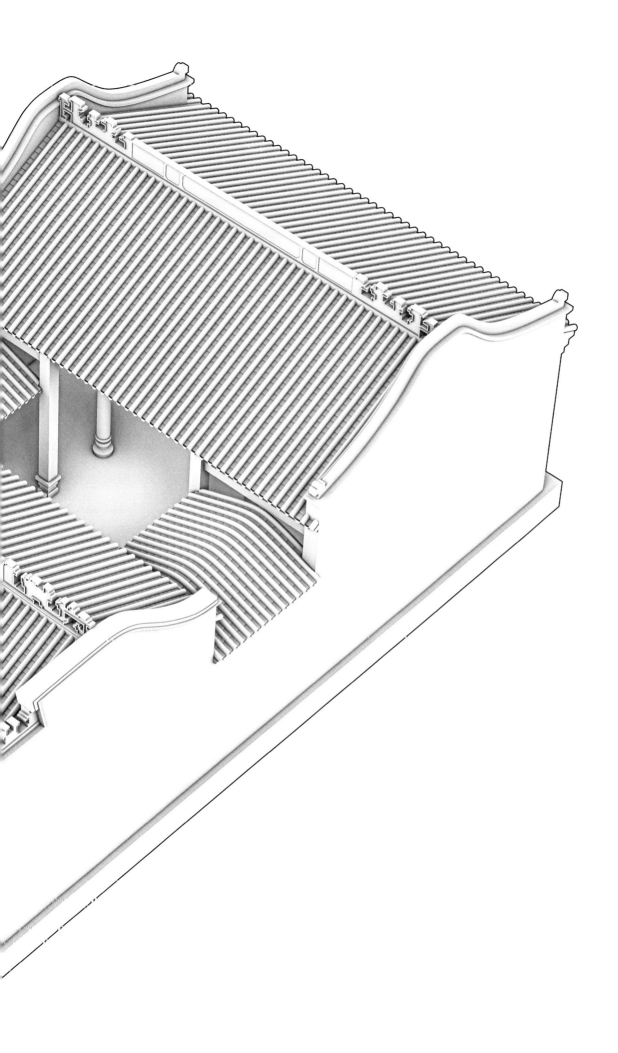

▲ 北帝庙 - 鸟瞰透视图

2.9 昌教乡塾
Changjiao Village School

　　乡塾，是旧时乡里进行教学的地方。昌教乡塾坐落于现佛山顺德区杏坛镇昌教村，始建于清同治丙寅年（1866年），光绪戊戌年（1898年）重建。

　　昌教乡塾为祠堂建筑形式，具有鲜明的岭南建筑特征。广府祠堂建筑多为四合院式建筑，融入了"四水归堂"的文化概念。

　　建筑坐西朝东，中轴对称布局，头门面阔三间22.34m，进深两间24.95m。沿中轴线从前至后分别为头门（门廊和前厅）、天井庭院、后堂（正厅），中间庭院两侧为廊庑。

　　建筑主体坐落在石台基上，墙体用青砖、石脚砌筑，屋面为坡面硬山顶，灰塑饰脊，素胎瓦板，碌灰筒瓦，滴水、瓦当剪边。头门正脊为龙舟脊（翘角脊），两端为吞脊鳌鱼。

　　头门外廊架为清代广府的直梁柁墩栱架抬梁架、鳌鱼水束形式。后堂正厅木梁架为瓜柱抬梁式构架，进深三间十一架9.7m，四根木金柱。

　　乡塾内外装饰有砖雕、木雕、灰塑、壁画，岭南风情浓郁。各种装饰图案、人物故事均寓意深刻，工艺精湛，美轮美奂。

▶ 昌教乡塾头门石门额上刻有"昌教乡塾"，上款为"同治丙寅（1866年）岁创建"，下款为"光绪戊戌（1898年）岁重建"。木门联上刻"昌明世运，教化乡间"

▲ 昌教乡塾。大门石门洞

▲ 昌教乡塾。前厅与天井间的下檐口横披窗。后坡屋面檐口为砖叠涩出檐

▲ 昌教乡塾。四水归堂的建筑格局

▲ 昌教乡塾。头门面阔三间，进深两间。前坡屋面瓦面下的椽子是"鸡胸"飞椽

▲ 昌教乡塾。右侧廊庑，瓦面下的椽子是"鸡胸"飞椽

▲ 昌教乡塾。头门檐廊，石廊柱、石额枋、雕花石隔架、石牛腿、石梁架头、雕花木封檐板

2 岭南著名古建筑 3D 数字化图录　　2.9 昌教乡塾　　| 163

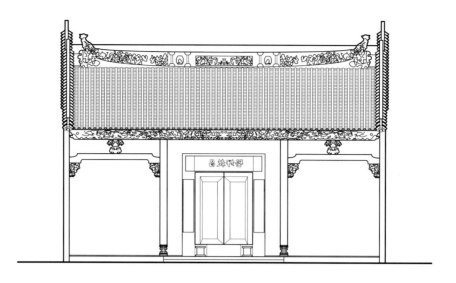

▲ 昌教乡塾－正立面图

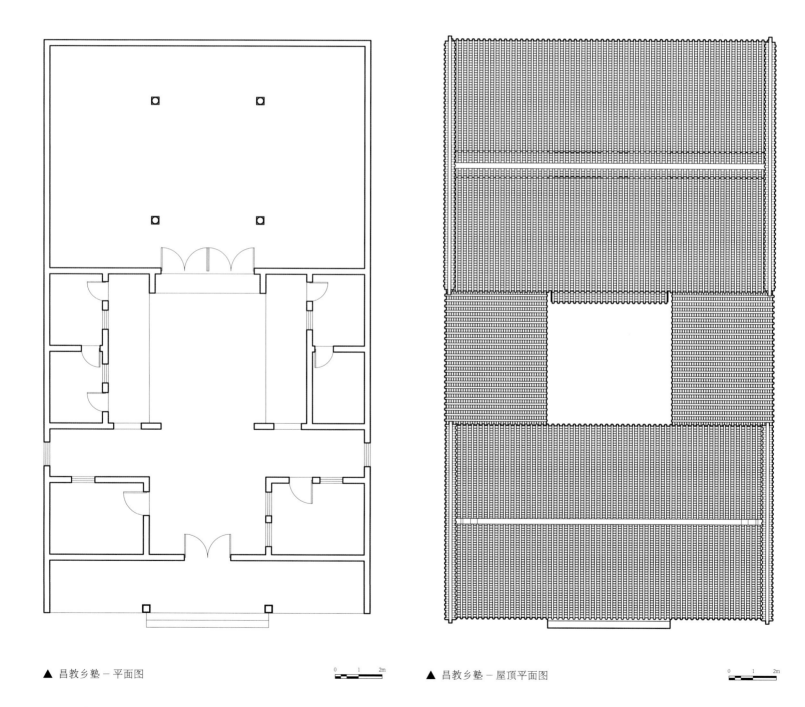

▲ 昌教乡塾－平面图

▲ 昌教乡塾－屋顶平面图

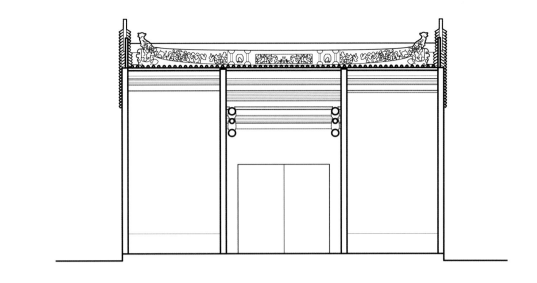

▲ 昌教乡塾－头门正剖面图

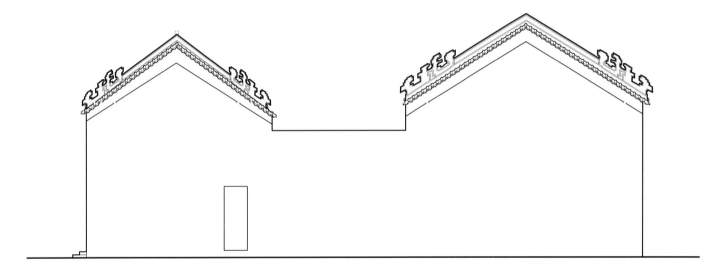

▲ 昌教乡塾－侧立面图

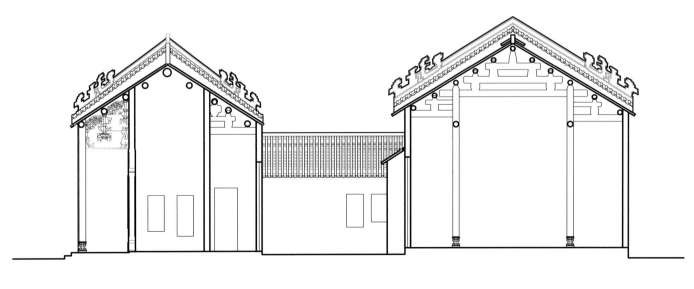

▲ 昌教乡塾－侧剖面图

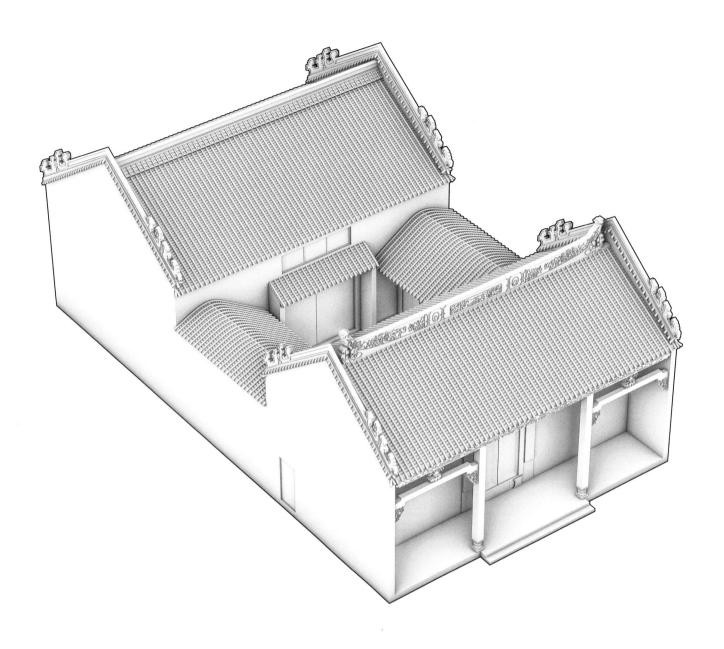

▲ 昌教乡塾－鸟瞰透视图（1）

▲ 昌教乡塾－侧剖面透视图

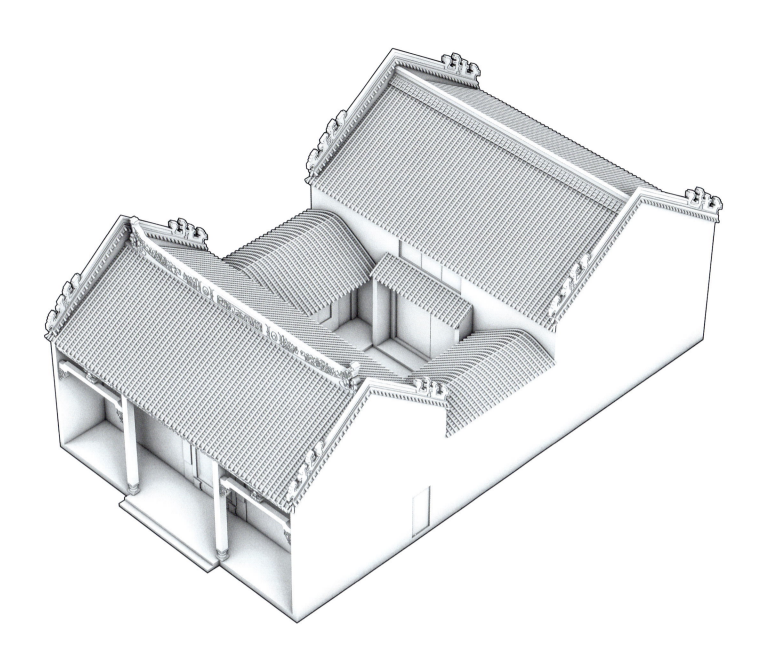

▲ 昌教乡塾－鸟瞰透视图（2）

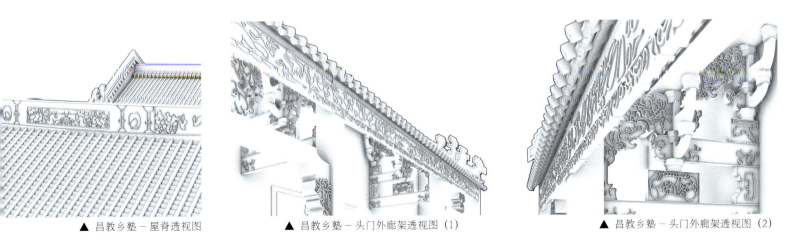

▲ 昌教乡塾－屋脊透视图　　▲ 昌教乡塾－头门外廊架透视图（1）　　▲ 昌教乡塾－头门外廊架透视图（2）

2 岭南著名古建筑 3D 数字化图录　　2.9 昌教乡塾 | 167

▲ 昌教乡塾 – 低点透视图

2.10 开元寺·天王殿
Kaiyuan Temple · Heaven King Hall

潮州古城内的开元寺，始建于唐代开元二十六年（738年）。开元年间，崇信佛教的唐玄宗下诏，以年号"开元"在全国十大州郡建庙，潮州开元寺即因此而建。目前，潮州开元寺是全国仅存的四大开元寺之一，也是粤东第一古刹。开元寺既保留了唐代的布局，又凝聚了宋、元、明、清各代的建筑艺术，是岭南地区重要的寺庙。

开元寺规模宏大，寺院占地约3万m²，其建筑格局大致分为三路：中轴为照墙、山门、天王殿、大雄宝殿、藏经楼、玉佛楼；东西两序配以观音阁、地藏阁、大悲殿等。整座寺院为中轴式四合院建筑群，主次有序，空间开敞，庭院广阔，环境宜人。

开元寺内保存着许多珍贵文物。藏经楼里保存着镇寺之宝——乾隆御赐雍正年间《大藏经》7240卷（《大藏经》为佛教经典集成）。

天王殿是开元寺的主要建筑，地位仅次于大雄宝殿，建筑面阔十一间50.5m，进深四间15.77m，中央的五间比左右两侧的三间要高。天王殿至今仍保留着宋代以前的建筑遗构，是中国古代木结构建筑的杰作。整座殿堂全部使用当时最好的木料建造，构件之间的拼接严丝合缝且毫无锤凿痕迹。殿内梁架抬梁式与穿斗式混合，总体呈现为抬梁式。斗栱叠起支撑，层层向上散开，最多达十一层。殿中梁架均坐落在上为木下为石的柱子上，底部的石柱有2m多高，既可防水淹，又可防地震。

天王殿为单檐歇山顶，琉璃金瓦屋面，瓦当、滴水剪边。屋脊上有鸱尾和双龙夺宝嵌瓷装饰的脊刹，屋脊、屋檐檐口都用嵌瓷饰面。天王殿琉瓦彩甍丹墙，保留了唐宋宫殿建筑风格，同时也体现了岭南古建筑特色。

天王殿、大雄宝殿前四座石经幢由石雕构件叠砌而成，为始建时所造，分别高8层5m、25层7m，至今仍可见托扛力士、覆莲、《准提咒》和《尊生儿》等图文。大雄宝殿前栏楯和殿前月台围栏78块，刻有释迦牟尼佛八相成道故事及珍禽异兽、莲花瑞草等图案，与殿栏正中"佛日增辉，法轮常转；皇风永扇，帝道遐昌"石刻一起，都是唐代佛教艺术的珍贵文物。

▶ 潮州开元寺，又名潮州开元镇国禅寺，位于潮州市区开元路。唐代敕建，元代称为开元万寿禅寺。明、清时期重建，明代称为开元镇国禅寺，清代以后开元镇国禅寺与开元寺并称，俗称开元寺。相传最初敕建此寺时，占地百亩之多。至今仍存有北至广源街、东至开元路口，位于义安路内的寺界碑石和"开元古井"。至今全寺仍有约五十亩之广

▲ 开元寺从20世纪70年代末开始重修、重建，中轴为照墙—山门和金刚殿—天王殿—大雄宝殿—藏经楼—僧舍

▲ 开元寺。西侧为岭东佛学院新建园林式教学楼，东侧新建大悲殿等群组建筑，其格调与开元寺主体古建筑协调

▲ 开元寺中轴山门（南1门）。正门匾额为赵朴初所书"开元寺"

▲ 穿过天王殿、东西廊庑围绕的开阔庭院，前面肃穆庄严屹立在台基上的就是开元寺大雄宝殿，殿前的唐代文物就有一对陀罗尼石经幢、殿前栏楯和月台围栏

▲ 进入开元寺，中轴山门两侧就是正对天王殿的金刚殿

▲ 开元寺东配殿为新修建的大悲殿，呈现开元寺古建的精彩和潮汕非遗古建营造技艺，特别是屋脊的嵌瓷彩绘脊饰，殿外周墙10幅佛经故事的青石壁雕，殿周有18根蟠龙大青石柱和石雕栏杆

▲ 开元寺天王殿正面建筑局部，嵌瓷脊饰形象飘逸，前为唐钟亭

▲ 开元寺天王殿背面

▲ 开元寺天王殿正面廊柱

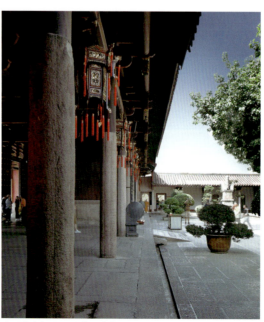
▲ 开元寺天王殿背面廊柱

▲ 开元寺天王殿左鸱尾

▲ 开元寺天王殿正面，殿前的石经幢由石雕构件叠砌而成，是开元寺始建时所造

▲ 开元寺天王殿正脊上的双龙夺宝瓷嵌饰

▲ 开元寺天王殿右鸱尾瓷嵌饰

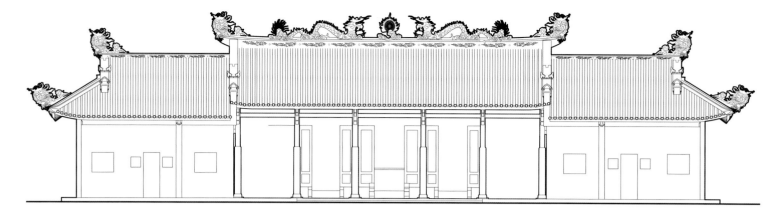

▲ 开元寺天王殿 - 正立面图

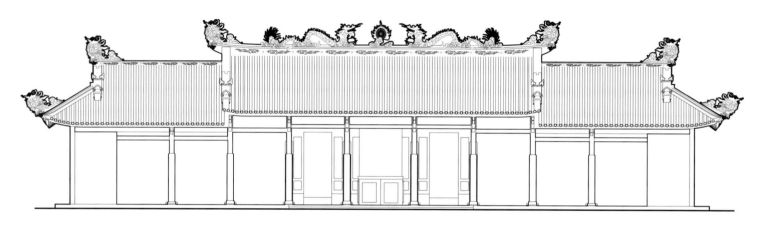

▲ 开元寺天王殿 - 背立面图

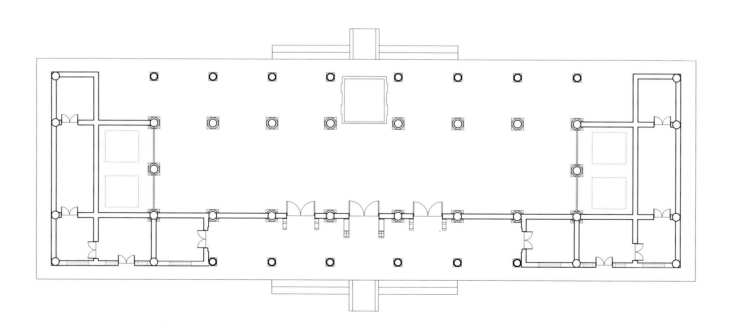

▲ 开元寺天王殿 - 平面图

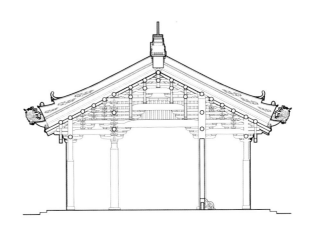

▲ 开元寺天王殿 - 次间侧剖面图

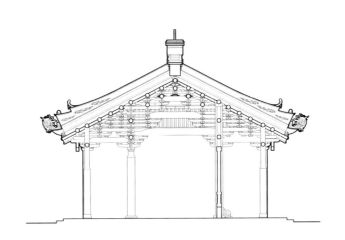

▲ 开元寺天王殿 - 明间侧剖面图

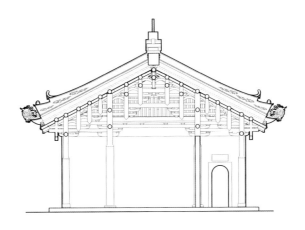

▲ 开元寺天王殿 - 梢间侧剖面图

2 南粤古驿道著名古建筑 3D 数字化图录　2.10 开元寺·天王殿 | 179

▲ 开元寺天王殿 – 正脊横向剖面透视图

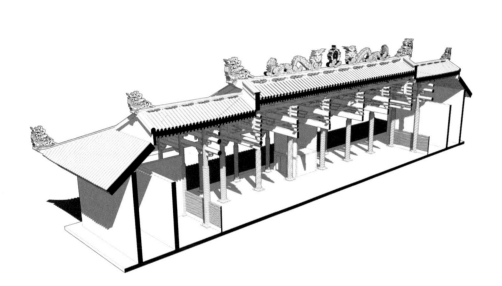

▲ 开元寺天王殿 – 正前开间两处横向剖面鸟瞰透视图

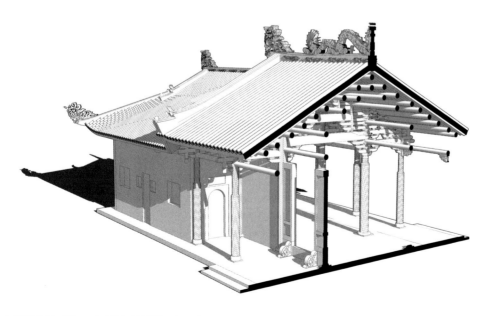

▲ 开元寺天王殿 – 正面梢间处侧剖面鸟瞰透视图

▲ 开元寺天王殿 – 正面明间处侧剖面透视图

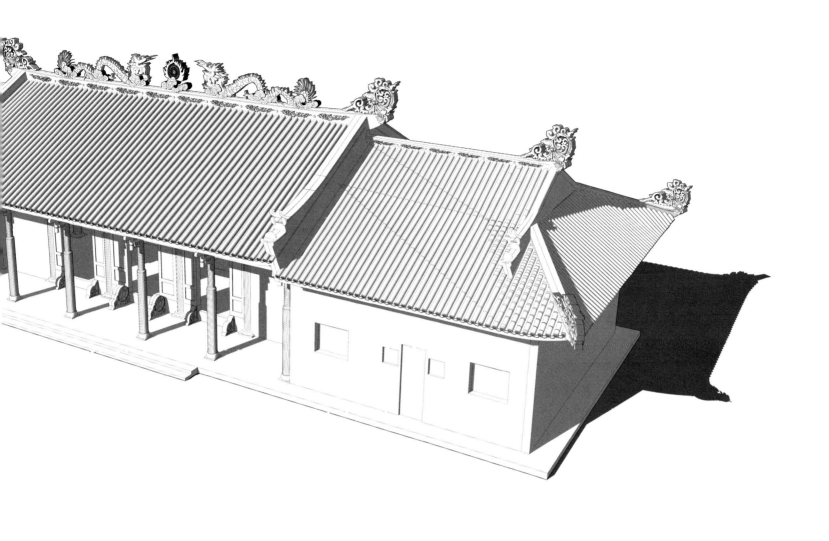

▲ 开元寺天王殿 - 鸟瞰正面透视图(1)

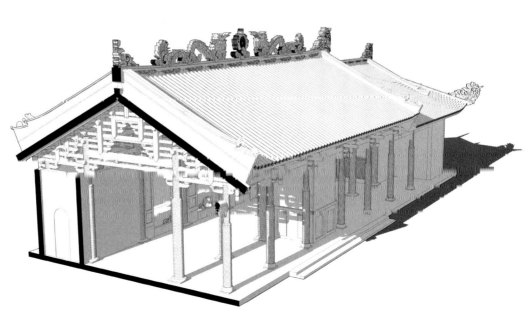

▲ 开元寺天王殿 - 背面梢间侧剖面鸟瞰透视图

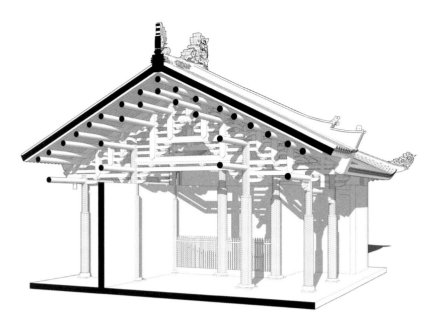

▲ 开元寺天王殿－背面中央间侧剖面透视图

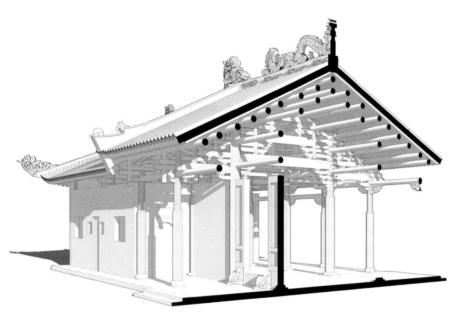

▲ 开元寺天王殿－正面中央间侧剖面透视图

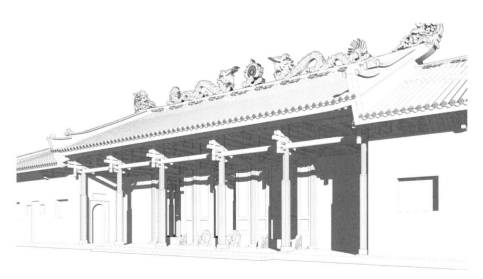

▲ 开元寺天王殿－正面局部透视图

▲ 开元寺天王殿－梢间侧剖面透视图

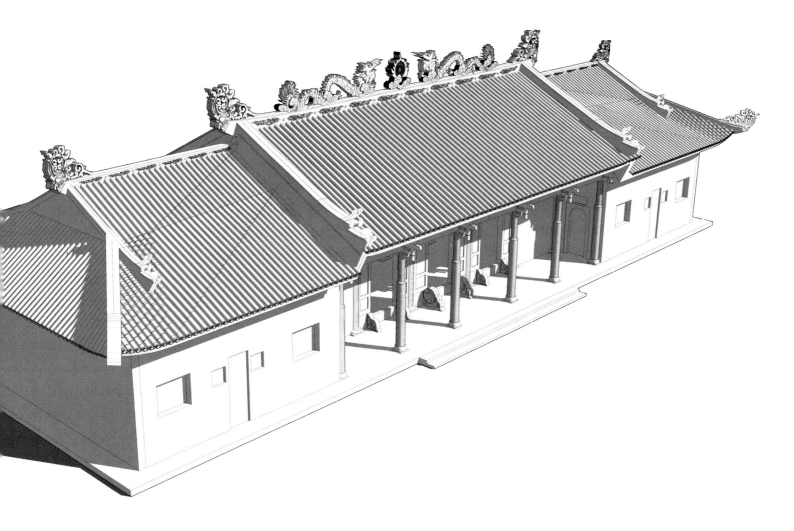

▲ 开元寺天王殿-鸟瞰正面透视图（2）

▲ 开元寺天王殿-鸟瞰正面透视图（3）

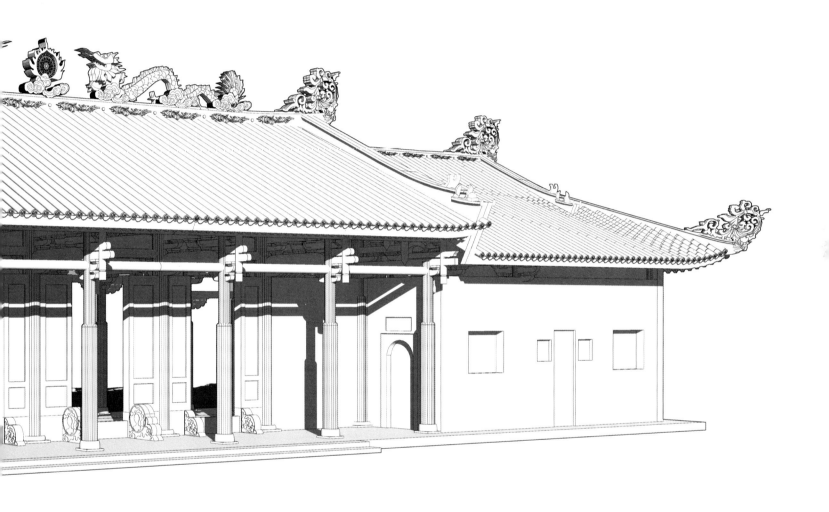

▲ 开元寺天王殿 – 低点透视图

2.11 黎氏大宗祠
Li Clan Grand Ancestral Hall

　　黎氏大宗祠始建于南宋乾道九年（1173年），是为纪念宋代黎氏孝子黎宿割肉治母而建。祠堂历史悠久，多次遭兵燹后又重建，至今仍保存有两块记载着宋、元、明代名贤重建祠堂的碑记。黎氏大宗祠至今仍基本保留明代建筑风格，是东莞最大的宗祠之一。

　　黎氏大宗祠位于东莞市中堂镇潢涌两水道交汇处，祠堂正对着东莞市黄旗山的尖峰，宗祠前院面临河涌码头，祠后有一座莲塘花木园，环境优美。

　　黎氏大宗祠形制古老，坐北朝南，平面布局为龟形，占地面积2360m²，建筑面积1337m²，祠深48m，宽24m，前后三进院落两天井庭院，四合院式布局，中轴从前至后为门头、中堂和后堂，前院两侧院为七开间的廊庑，后庭院有东西廊，头门两侧建有倒厢房。

　　黎氏大宗祠建筑为硬山顶坡屋，中轴后座建筑为悬山屋顶，水磨砖石脚墙体，素胎瓦板，碌灰瓦筒，绿色琉璃滴水、瓦当剪边。垂脊为翘角脊灰塑饰脊，脊端有蹲兽。正脊为博古脊，上层均为石湾陶塑花脊，上置鳌鱼脊刹，前、中座花脊内容为典故戏文，后座花脊为花卉。脊基是彩色灰塑饰面。头门倒厢房为硬山屋顶，人字山墙博古脊灰塑饰面。廊庑为硬山屋顶，镬耳山墙，正脊为平脊，博古脊灰塑饰面。前院天井庭院两侧院墙和后庭院东西廊脊上的女儿墙均有美轮美奂的灰塑装饰。

　　黎氏大宗祠整体建筑坐落在红砂岩条石台基上，檐柱均为红砂岩石柱。头门前后的四对石雕檐柱与雕花的木额枋、柁墩组成隔架，与头门木雕驼峰、栱架构成大木抬梁架。头门红砂岩石大门洞内外各有左右红砂岩垫台，门墙上部有彩绘书画。前檐额压檐披风，瓦面下为"鸡胸"飞椽。檐下有彩绘木雕封檐板，石柱端两边梁架布满雕刻，有鸟兽虫鱼、云雷如意等。中堂的建筑构架简洁大气，为抬梁和穿斗式相结合。这里的每根屋梁，两端皆有椭圆形梁托，梁托上雕刻彩云、飘带，檩上镶嵌片片花雕，连梁钩均刻有蟠龙等图案。祠堂的木构件雕刻细腻，装饰工艺精湛，明代建筑风格明显。

▶ 坐落于广东省东莞市潢涌德本坊大街1号的黎氏大宗祠距今已有800多年历史，保存着大量宋、明、清的文物遗迹。祠堂具有浓厚的岭南建筑特色

黎氏大宗祠

▲ 黎氏大宗祠中进堂正厅，屋顶正脊为佛山陶塑龙船屋脊，山墙和天井两侧墙脊彩色灰塑饰脊，端部置陶塑瑞兽

▲ 黎氏大宗祠三进后堂神台，屋顶正脊为佛山陶塑龙船屋脊，山墙与天井两侧廊顶脊为彩色灰塑饰脊和瑞兽

▲ 黎氏大宗祠廊庑屋脊的彩色灰塑、雕塑

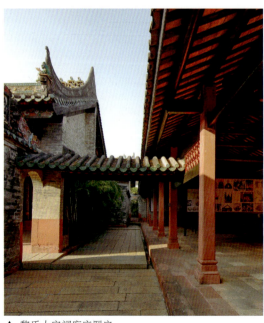

▲ 黎氏大宗祠廊庑厢房

▲ 黎氏大宗祠正面头门和倒厢房。屋顶正脊为佛山陶塑龙船屋脊，除鳌鱼、瑞兽外，更多的是典故人物雕塑，正脊、山墙和两侧倒厢房墙脊彩色灰塑饰脊

▲ 黎氏大宗祠天井庭院

▲ 黎氏大宗祠中进堂的梁架

▲ 黎氏大宗祠头门的台垫、墙柱、梁架

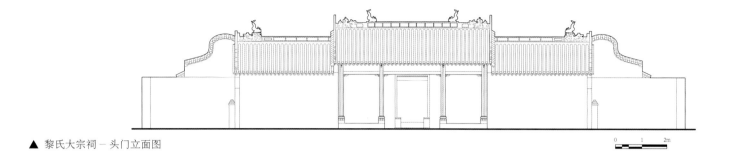

▲ 黎氏大宗祠－头门立面图

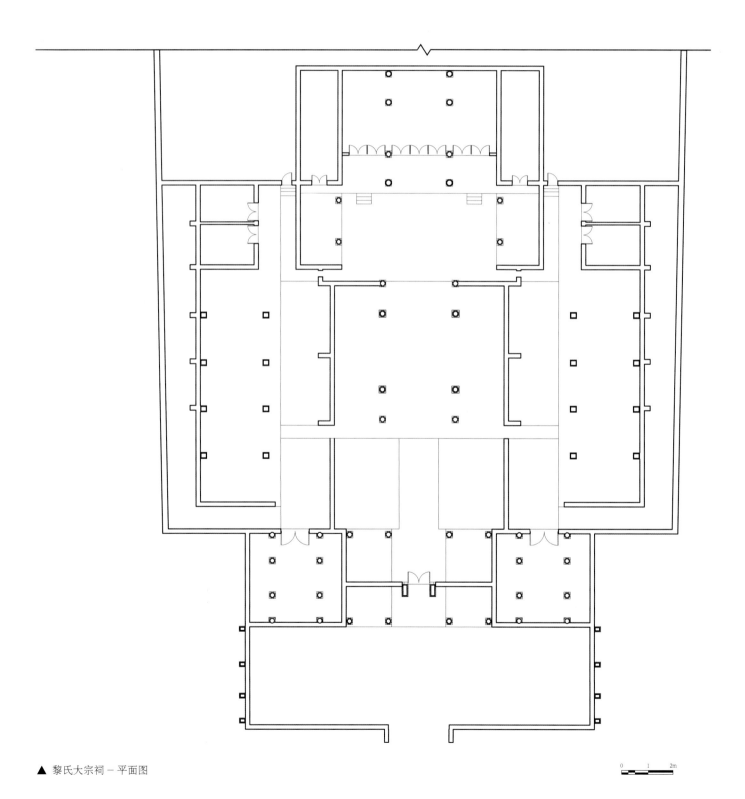

▲ 黎氏大宗祠－平面图

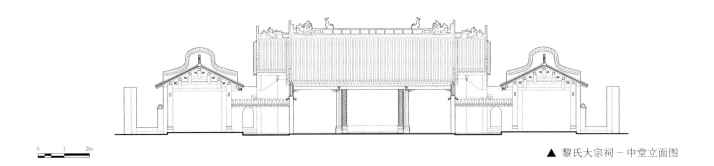

▲ 黎氏大宗祠－中堂立面图

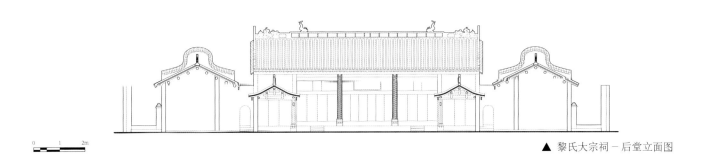

▲ 黎氏大宗祠－后堂立面图

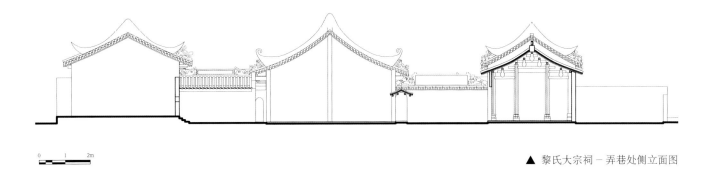

▲ 黎氏大宗祠－弄巷处侧立面图

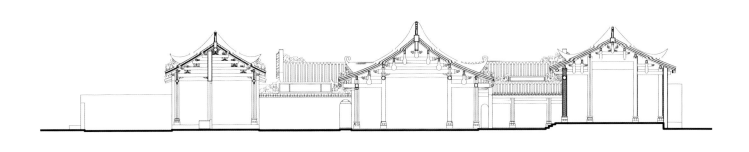

▲ 黎氏大宗祠－侧剖面图

2 岭南著名古建筑 3D 数字化图录　　2.11 黎氏大宗祠　　193

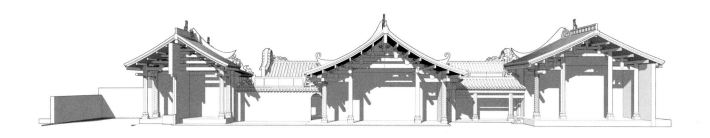

▲ 黎氏大宗祠－侧剖面透视图

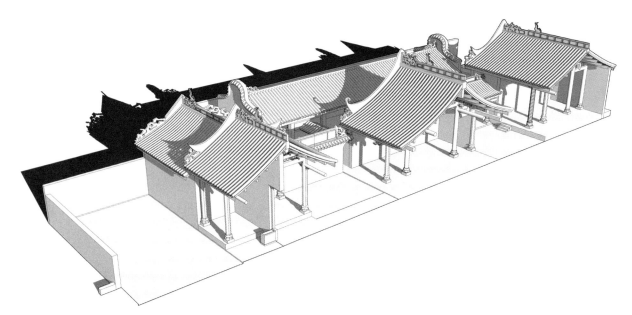

▲ 黎氏大宗祠－鸟瞰侧剖面透视图

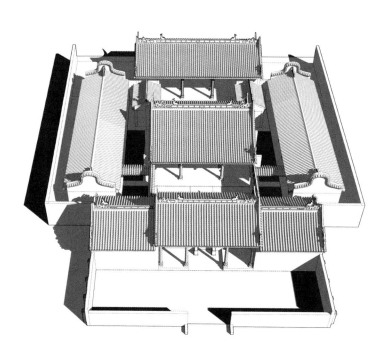

▲ 黎氏大宗祠－鸟瞰中轴透视图

▲ 黎氏大宗祠－建筑局部透视图

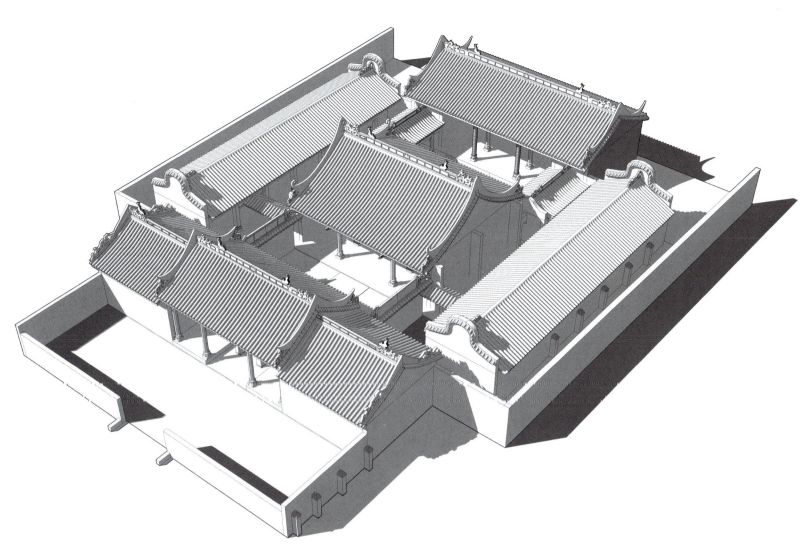

▲ 黎氏大宗祠 – 鸟瞰透视图 (1)

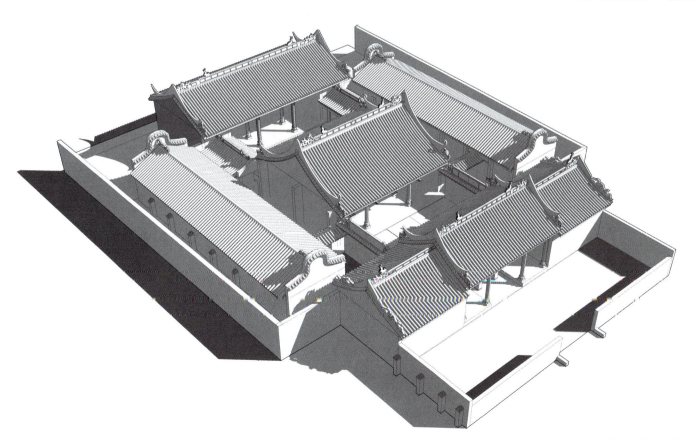

▲ 黎氏大宗祠 – 鸟瞰透视图 (2)

2 岭南著名古建筑 3D 数字化图录　2.11 黎氏大宗祠 | 195

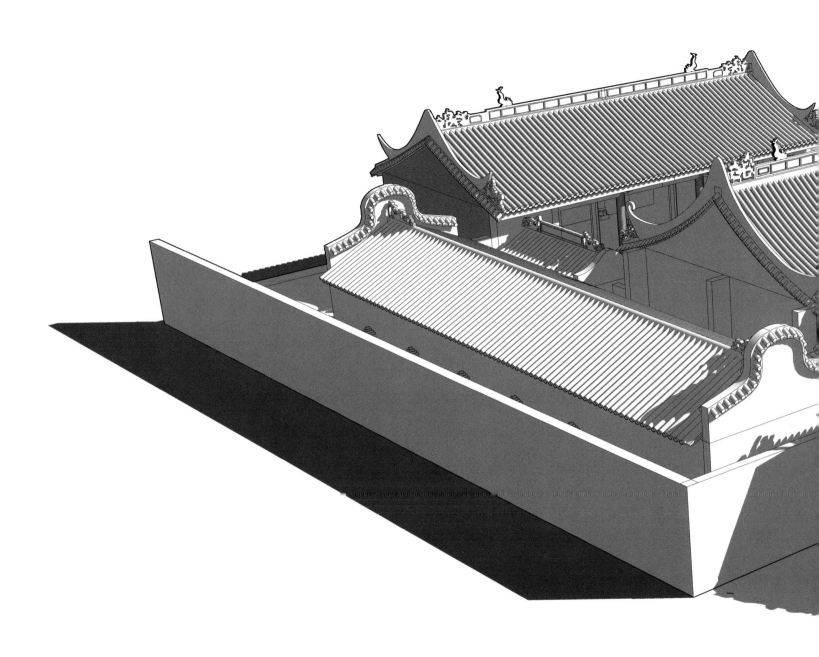

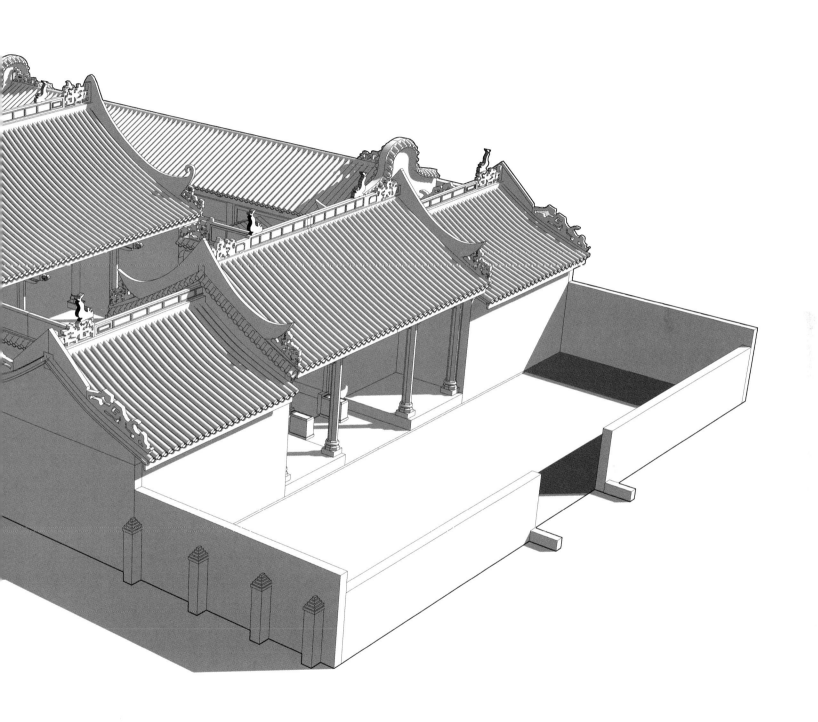

▲ 黎氏大宗祠 – 半鸟瞰透视图

2 岭南著名古建筑 3D 数字化图录　　2.11 黎氏大宗祠

2.12 韶州府学宫·大成殿
Shaozhou Prefecture Academy · Dacheng Hall

韶州府学宫坐落在现广东韶关市，始建于北宋景德三年（1006年），明万历三十年（1602年）毁于火灾，同年由南韶道张德明捐俸重建，清康熙、雍正、道光、同治年间均有修葺。

学宫曾是韶关的千年学府，是古代读书人科举考试和学文习武的要地，历代从这里走出的进士共有70余人。新民主主义革命和抗日战争时期，这里更是曲江农民自卫军大队驻地、广东北江工农自卫军住宿地、曲江青年战时服务团所在地，上千热血青年从这里奔赴革命前线。

原建筑群庄严雄伟、规模宏大，曾占地近1万m^2，有明伦堂、东西廊庑、大成殿、崇圣殿、尊经阁、名宦祠、乡贤祠等建筑。历经火灾、城市改建后，仅有主体建筑大成殿保存下来。

大成殿是韶州府学宫祭祀孔子和行礼习仪的正殿，坐于高石台基上，殿前有月台，四周有回廊，以石雕栏杆环绕，正门前御路踏跺的"鱼跃龙门"御道浮雕保存完好。大殿占地面积627m^2，坐北朝南，平面呈矩形，殿面阔五开间23.9m，进深三开间15.7m，殿高16.4m，大殿内建筑面积375m^2，内有金柱8根、角柱4根、檐柱10根。殿内结构梁柱为明代建筑遗构。

大成殿建筑梁架采用月梁、瓜柱，具有广府建筑与江西建筑相结合的特征，大木抬梁式构架的彩画图案古朴大方，是岭南建筑中难得的精品。

大殿为高台基殿堂式砖木结构，九脊重檐歇山顶，黄色琉璃瓦，绿色琉璃瓦筒、滴水剪边，屋面陡峻，上下屋檐均由斗栱支撑，采用外转计心造，其中下檐为前后斗栱出昂，两侧山墙出梁头。正脊为平脊，垂脊和戗脊为翘角脊，屋脊上现存装饰不多，仅存戗脊上的灰塑脊饰和下檐戗脊吐脊兽头雕塑。建筑外观浑厚雄伟，装饰精美，是明代大木构件式殿堂建筑与岭南建筑融汇的产物。

▶ 韶州府学宫位于韶关市浈江区风采路，仍是粤北读书人心中的圣殿，韶州府学宫过去是中国封建王朝科举考试和学文习武的要地，而今天则成为当地尊孔劝学、弘扬中华民族优秀文化传统的场所

▲ 韶州府学宫大成殿正侧面

▲ 韶州府学宫大成殿正面局部

▲ 韶州府学宫大成殿侧背面

▲ 韶州府学宫大成殿正面

▲ 韶州府学宫大成殿斗栱

▲ 韶州府学宫大成殿内部

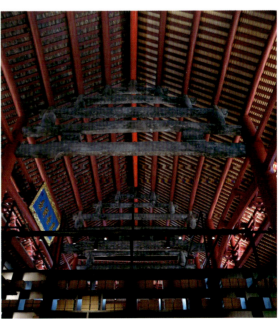

▲ 韶州府学宫大成殿梁架

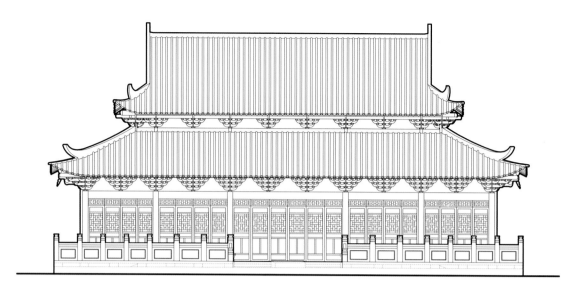

▲ 韶州府学宫大成殿 - 正立面图

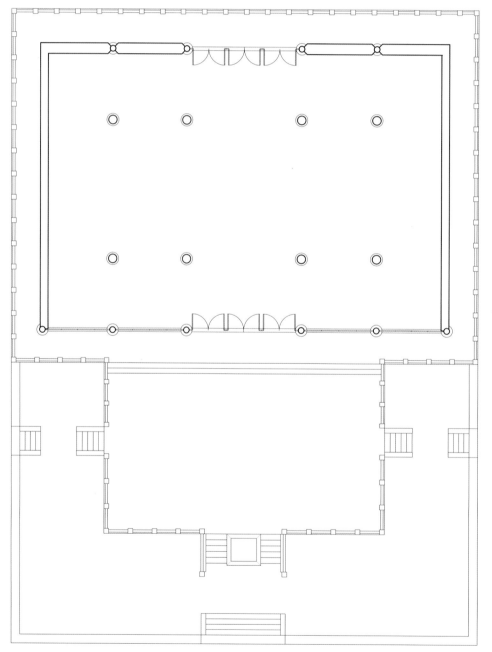

▲ 韶州府学宫大成殿 - 首层平面图

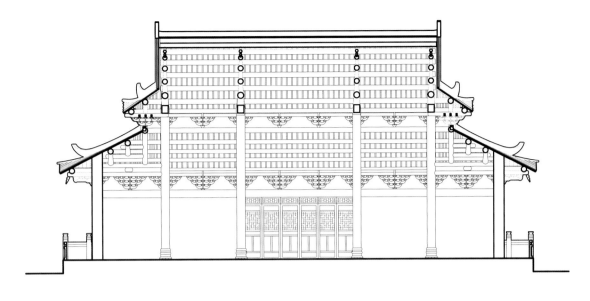

▲ 韶州府学宫大成殿 - 正剖面图

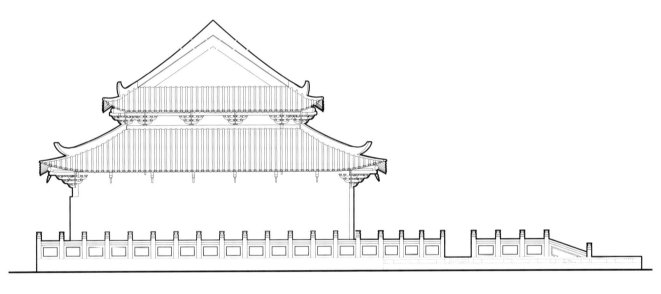

▲ 韶州府学宫大成殿 - 侧立面图

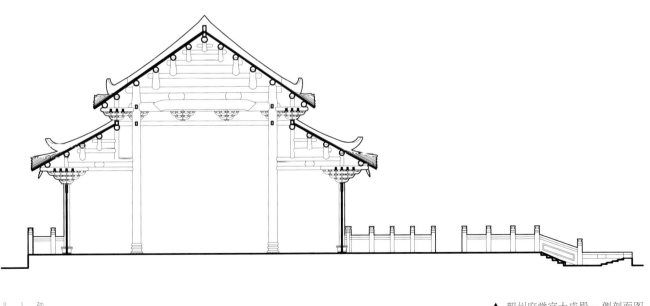

▲ 韶州府学宫大成殿 - 侧剖面图

2 岭南著名古建筑 3D 数字化图录　2.12 韶州府学宫·大成殿 | 203

▲ 韶州府学宫大成殿 – 低点透视图（1）

▲ 韶州府学宫大成殿－正面透视图

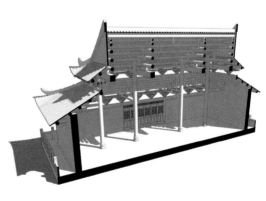

▲ 韶州府学宫大成殿－正剖面透视图

▲ 韶州府学宫大成殿－鸟瞰透视图

▲ 韶州府学宫大成殿－侧剖面透视图

2 岭南著名古建筑 3D 数字化图录　　2.12 韶州府学宫·大成殿

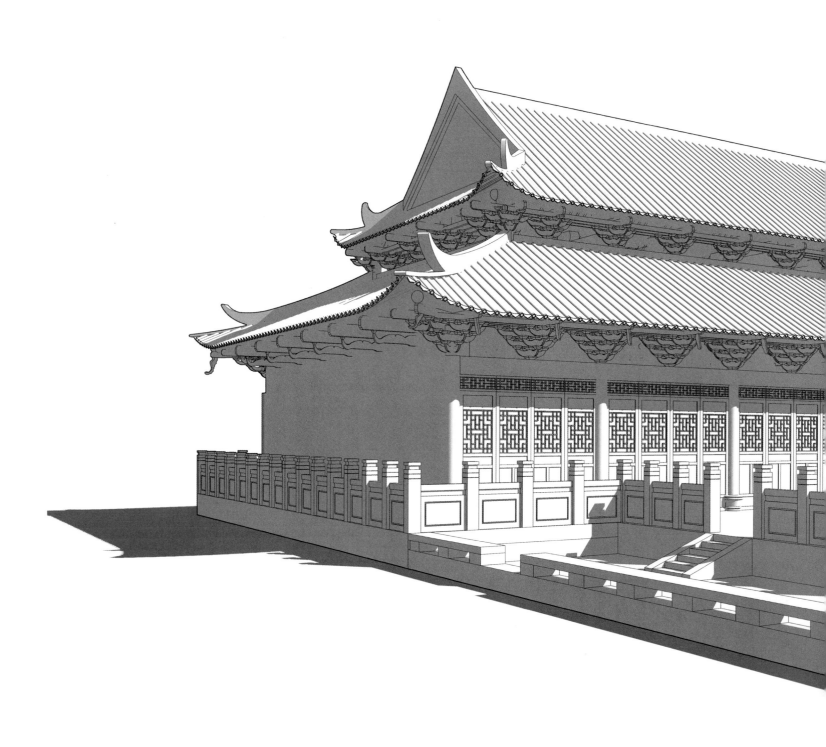

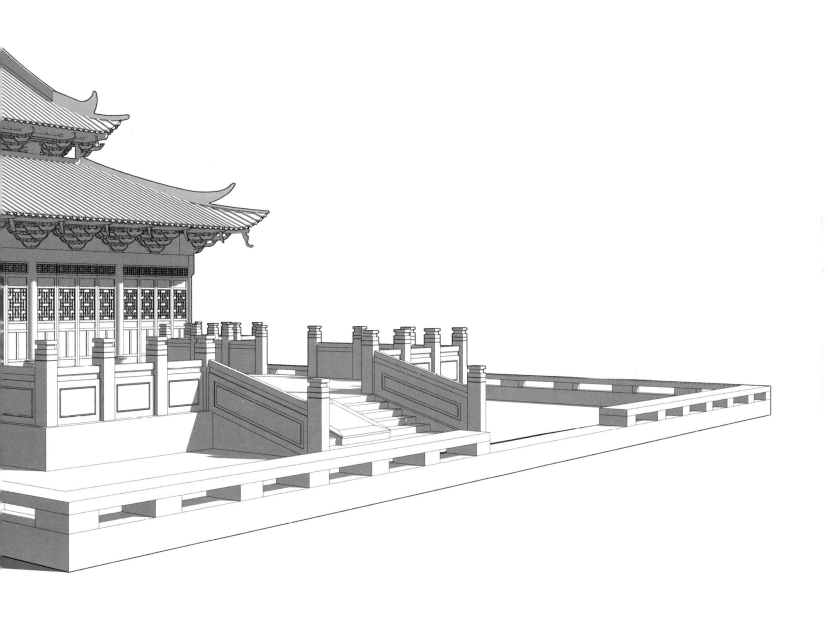

▲ 韶州府学宫大成殿 - 低点透视图 (2)

2.13 揭阳学宫·大成殿
Jieyang Academy · Dacheng Hall

揭阳学宫，又称"孔庙"，是揭阳古代最高学府，始建于南宋绍兴十年（1140年），后经元明清多次修建，现保留建筑是清光绪二年（1876年）改建的格局。

新民主主义革命时期，周恩来曾三次到揭阳，在揭阳学宫下榻和办公。1925年，国民革命军东征军第一、二次东征进入揭阳，周恩来在此办公。1927年，南昌起义部队入揭阳时，周恩来、贺龙、叶挺等指挥部领导人曾在此召开军事会议。1927年9月26日，在周恩来的直接关怀指导下，揭阳第一个红色政权——揭阳工农革命委员会在揭阳学宫大成殿成立。

揭阳学宫规模宏大，现存二十多座单体建筑，占地面积约16000m²，总建筑面积5526m²，是岭南地区规模最大、配套建筑最完善、保存最完整的同类历史建筑组群，具有明清古建筑的风格和鲜明的潮汕古建筑特色，是揭阳古城的历史文化地标和爱国主义教育基地。

建筑均为高台基殿堂式结构，造型富丽堂皇、庄严肃穆。建筑群按当时的学宫形制布局，分别有三路建筑，其中路建筑有：照壁、棂星门、泮池、大成门、大成殿、崇圣祠、东西斋、东西廊庑等。

大成殿坐于高石台基上，平面呈矩形，面阔五间，进深五间，殿前廊设有前阶石月台、檐廊、月台，四周绕以石雕栏，月台正前方设御道石，正面为御道石不设脚跺，两侧是石阶步级。

大成殿满堂柱网，平面宽深比近于正方形，殿身以梁柱为骨架，梁架结构为穿斗式，画栋雕梁，金碧辉煌。整座大成殿用花岗岩石柱36根，中间金柱为圆形峻柱，柱础为鼓形，其他部位为方柱。殿内的4根大石柱上，盘踞着四条栩栩如生的木雕蟠龙。殿外围设一圈檐廊，檐柱为方石柱，无柱础，木桁枋梁架、雀替、牛腿上装饰精美。

大成殿建筑屋顶为歇山二重檐，屋面覆以琉璃瓦筒和土红瓦板，绿琉璃瓦当、滴水剪边。高11.9m，周围檐廊高5.12m。正脊为龙舟式，龙首吻塑，上置琉璃陶塑鳌鱼、宝珠脊刹，泥塑嵌瓷彩绘花脊饰，分为三段处理，十分精致。垂脊为四条，上下戗脊各为四条，泥塑嵌瓷彩绘花脊饰更加丰富，特别下檐戗脊的吐脊龙头雕塑十分生动。建筑整体造型通透轻盈，雕甍彩桁，极具岭南建筑特色。

▶ 揭阳学宫又称揭阳孔庙，位于广东省揭阳市榕城区韩祠路口东侧，它是揭阳供祀孔夫子的庙堂，从规模来看，它不仅是广东最大的学宫，还是我国第二大孔庙，仅次于山东曲阜孔庙

揭阳学宫大成殿

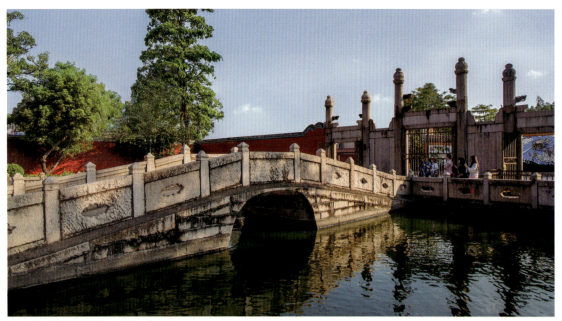

▲ 揭阳学宫院内泮池、泮桥、棂星门

▲ 揭阳学宫院内崇圣祠

▲ 揭阳学宫院内忠孝祠

▲ 穿过泮池、泮桥就是揭阳学宫大成门

▲ 揭阳学宫院内玉振门

▲ 揭阳学宫院内节孝祠

▲ 揭阳学宫院内文昌祠

▲ 揭阳学宫大成殿左侧

▲ 揭阳学宫大成殿背面

▲ 揭阳学宫大成殿。殿堂金碧辉煌，供奉先师孔夫子

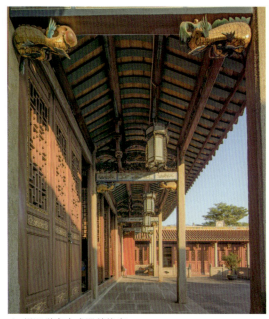
▲ 揭阳学宫大成殿前檐廊

▲ 揭阳学宫大成殿屋顶为歇山二重檐，正脊为龙舟瓷雕花脊，上饰嵌瓷龙首、鸱尾和倒垂鳌鱼、红宝瓷珠，其他脊端部饰陶雕神将、瑞兽、鸱尾嵌瓷、花树灰塑脊饰

▲ 揭阳学宫大成殿木雕鳌鱼雀替

▲ 揭阳学宫大成殿挑檐，桁枋梁棋架彩绘雕刻精美

▲ 揭阳学宫大成殿正脊饰花瓷脊面，中置红色琉璃宝珠脊刹

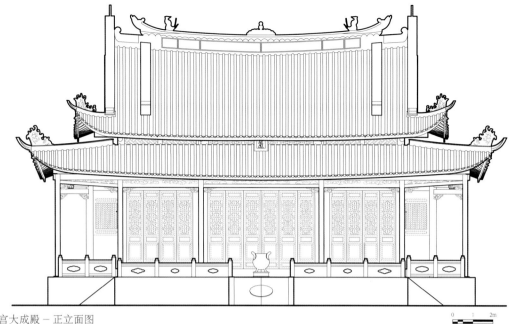

▲ 揭阳学宫大成殿 - 正立面图

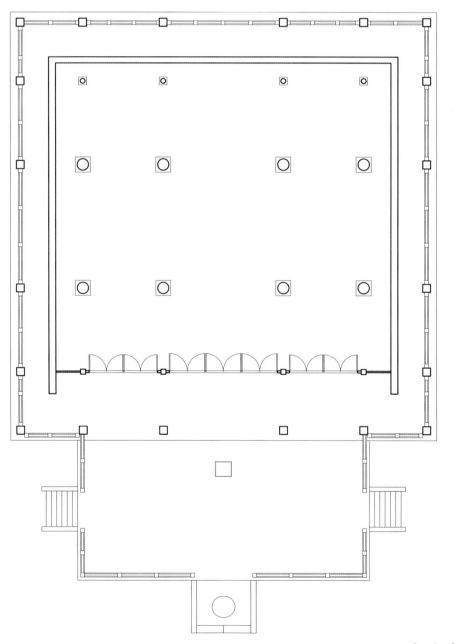

▲ 揭阳学宫大成殿 - 平面图

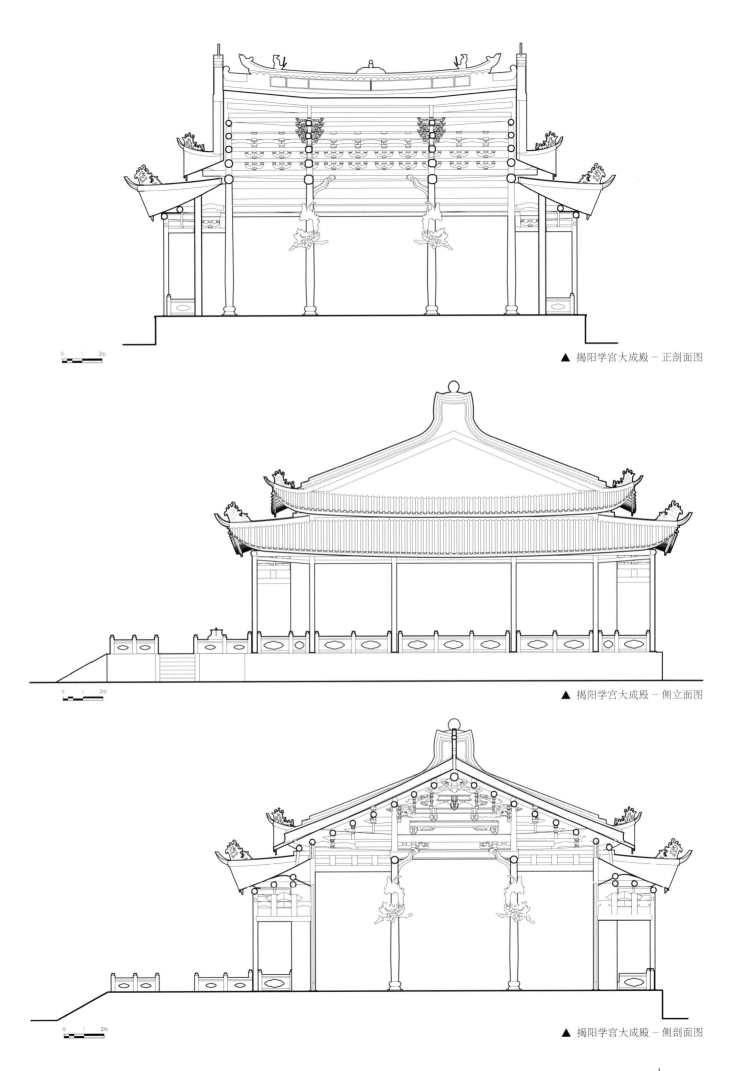

▲ 揭阳学宫大成殿－正剖面图

▲ 揭阳学宫大成殿－侧立面图

▲ 揭阳学宫大成殿－侧剖面图

2 岭南著名古建筑 3D 数字化图录　　2.13 揭阳学宫·大成殿

▲ 揭阳学宫大成殿－低点透视图（1）

▲ 揭阳学宫大成殿－半鸟瞰透视图（1）

▲ 揭阳学宫大成殿－半鸟瞰透视图（2）

南粤古驿道著名古建筑 3D 数字化图录

▲ 揭阳学宫大成殿 - 正面透视图

▲ 揭阳学宫大成殿 - 正面局部透视图

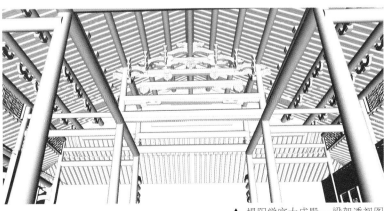

▲ 揭阳学宫大成殿 - 梁架透视图

2 岭南著名古建筑 3D 数字化图录　　2.13 揭阳学宫·大成殿

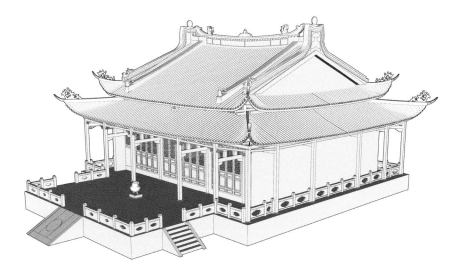

▲ 揭阳学宫大成殿－半鸟瞰透视图（3）

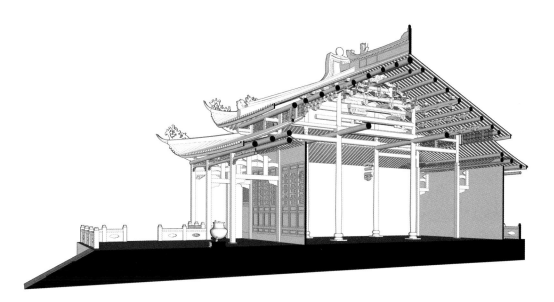

▲ 揭阳学宫大成殿－侧剖面透视图

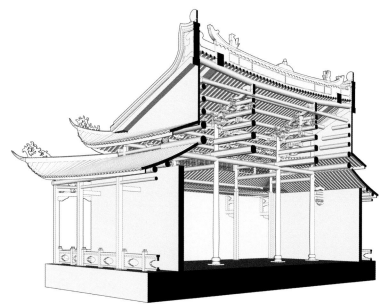

▲ 揭阳学宫大成殿－正剖面透视图

▲ 揭阳学宫大成殿－半鸟瞰透视图（4）

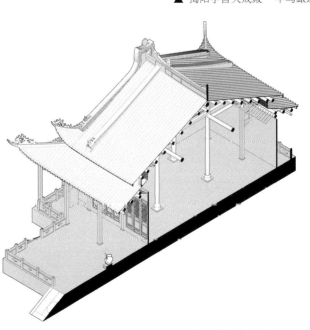

▲ 揭阳学宫大成殿－鸟瞰正剖面透视图

▲ 揭阳学宫大成殿－鸟瞰侧剖面透视图

▲ 揭阳学宫大成殿－低点透视图（2）

2.14 南雄广州会馆
Nanxiong Guangzhou Guild Hall

南雄广州会馆又称"公所""同乡会",坐落在韶关市南雄市区浈江旁的台地上。梅关古驿道开通以来,南北沟通顺畅,商贸日益发展,南雄成为南北枢纽重镇,来往于此经商的广府商人很多,遂于明万历年间出资在南雄商业最繁华的地段集资兴建了广州会馆。

会馆当时的功能主要是为广府商人联络乡谊、商务经营提供方便,活动内容包括沟通商务信息、为困难的同乡提供衣食救济和临时住所,以及协商丧葬、寄存棺木、兴办学校等。

南雄广州会馆主体建筑为三路三进前低后高院落式建筑,共有12个厅堂,坐北朝南,占地面积3834m^2。建筑面宽32.35m,进深64.5m,平面成长方形,原建筑面积达2086m^2,2000年后经三期维修基本恢复原貌,现存1465.1m^2。古建筑斑驳的墙上使用了大量印有"广州馆"戳记的青砖,承载了五百多年的繁华沧桑,是明清时期的南雄四大会馆之一。

会馆建筑由西厢、中座和东厢组成,以中座作为整座建筑的中心,中座两侧的厢房以火巷连接,三进厅堂之间用庭院相隔,整体布局严谨,主次分明。中座头门正面是石砌包台门廊,西厢清幽深院中有庄重精致的戏台,整个建筑气势恢宏,沧桑清幽,雕梁画栋、工艺讲究,豪华富丽,颇具南北艺术风格相结合的建筑特色。

全馆屋面为硬山坡屋顶形式,覆盖灰砂板瓦,碌灰瓦筒,琉璃瓦当、滴水剪边。中座两进正脊为博古脊,脊基灰塑饰面上层为陶瓷花脊,头门上置鳌鱼、宝珠琉璃脊刹。中座主厅外部山墙为江淮地区"五岳朝天"式叠落山墙,而东西座厢房的外部山墙则是广府典型的镬耳式山墙,为岭南建筑中少见的南北建筑风格结合的例子。

南雄广州会馆集中原与岭南地区民间建筑装饰艺术精华于一身,会馆建筑装饰大量使用石雕、木雕、陶雕、灰塑、壁画等,雕刻精致、形象逼真、立体感强、古雅精致。

▶ 南雄广州会馆坐落在南雄市区埠前街,由旅居雄州广州商人创建于明朝中叶万历年间。南雄广州会馆是岭南古驿道上一座历史悠久的古建筑,不仅承载了广府人的经商记忆,也展现了他们独特的建筑艺术和对文化的传承

▲ 南雄广州会馆的中座山墙为"五岳朝天"式叠落山墙,东、西座厢房的外部山墙为广府典型的镬耳式山墙

▲ 修葺中的南雄广州会馆,还可以看到中座、东座厢房原来残缺的头门雕刻,山墙上堰头、脊饰、班符等

▲ 修葺后的南雄广州会馆西厢房,重现往日光彩,正脊、山墙、封护檐墙的走兽鸟禽、花树洞石、花果宝瓶等彩塑花脊、灰雕壁画、木檐口板雕刻都活灵活现、色彩艳丽

▲ 南雄广州会馆中座头门为石基砖墙，左右包石台基（鼓台），大石门洞、石雕廊柱枋、木雕封檐板、叠梁式构架

▲ 南雄广州会馆垂脊灰塑脊饰

▲ 南雄广州会馆头门大门额石上刻"广州会馆"

▲ 南雄广州会馆中座与隔壁西座的新旧装饰，两座间是火巷门

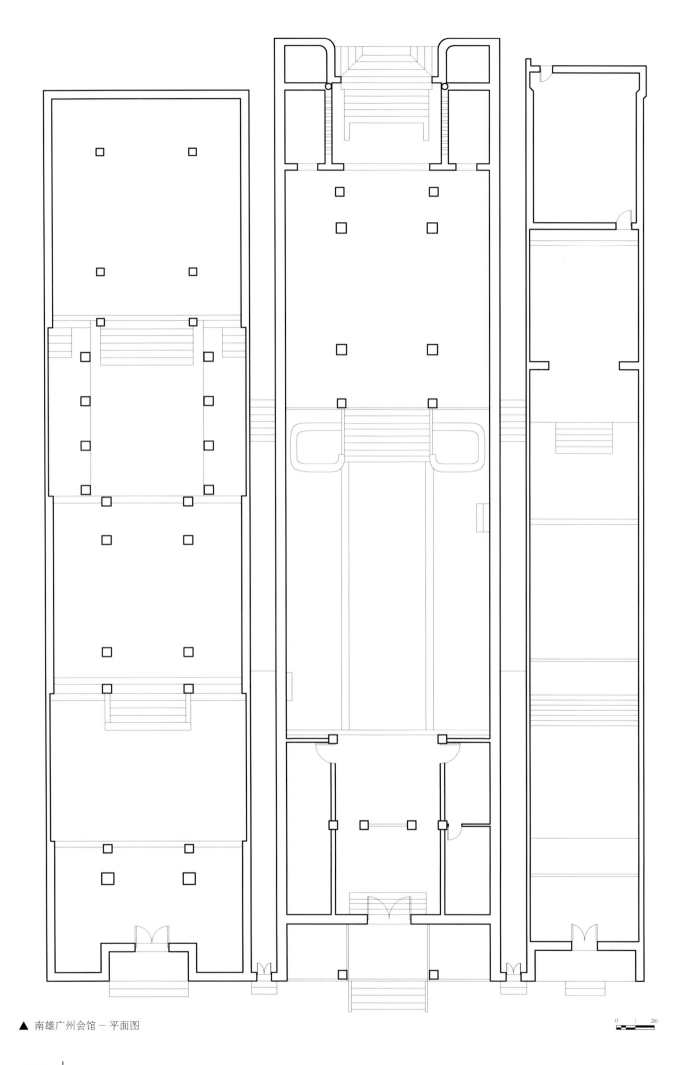

▲ 南雄广州会馆－平面图

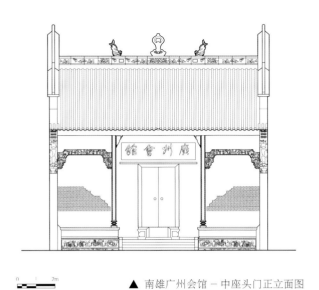

▲ 南雄广州会馆－中座头门正立面图

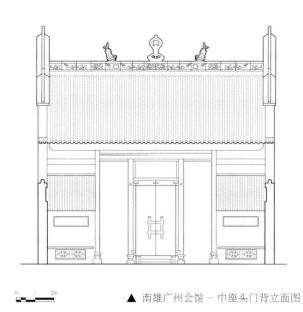

▲ 南雄广州会馆－中座头门背立面图

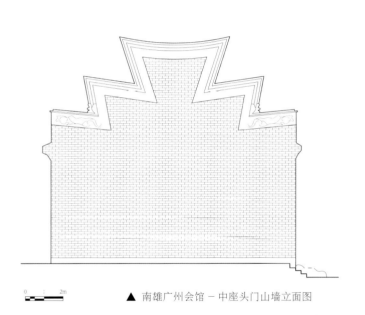

▲ 南雄广州会馆－中座头门山墙立面图

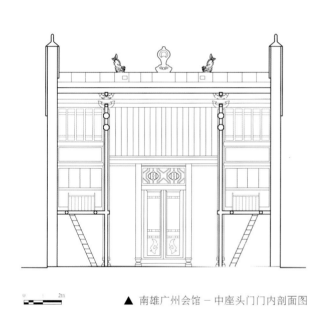

▲ 南雄广州会馆－中座头门门内剖面图

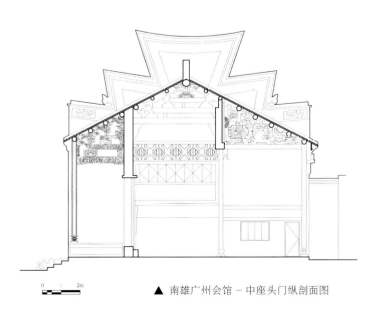

▲ 南雄广州会馆－中座头门纵剖面图

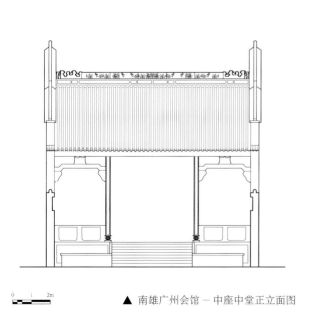

▲ 南雄广州会馆－中座中堂正立面图

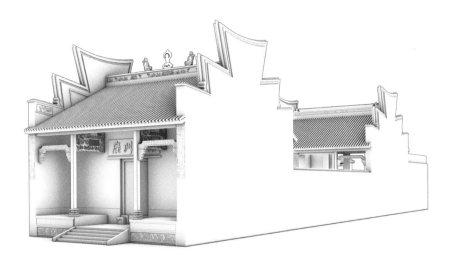

▲ 南雄广州会馆－中座低点透视图（1）

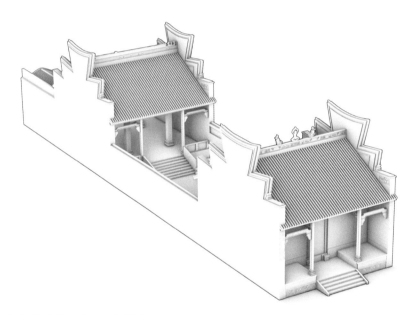

▲ 南雄广州会馆－中座鸟瞰透视图

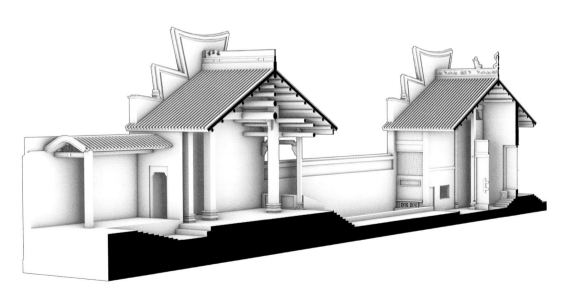

▲ 南雄广州会馆－中座侧剖面透视图

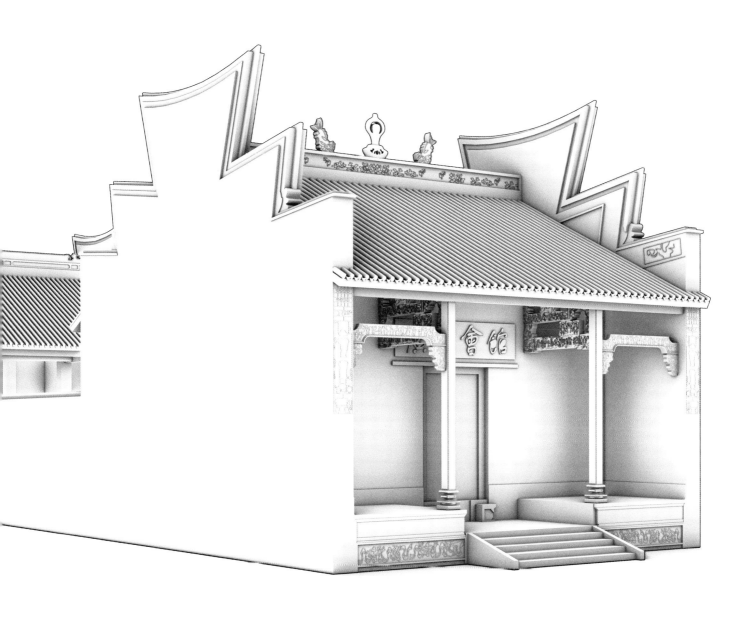

▲ 南雄广州会馆－中座低点透视图（2）

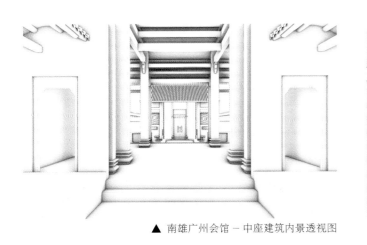

▲ 南雄广州会馆－中座建筑内景透视图

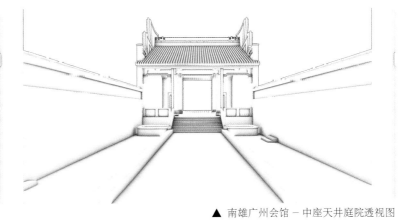

▲ 南雄广州会馆－中座天井庭院透视图

2.15 纯阳观·纯阳宝殿
Chunyang Temple · Chunyang Hall

纯阳观始建于清道光四年（1824年），位于当时的广州古城郊区五凤村漱珠岗，是广州最大的道教宫观。

纯阳观供奉祭祀道教祖师吕纯阳，即八仙之一吕洞宾，是在岭南道教高人、天文学家李明彻真人（他把西方近代的天文学与中国古老的星象学结合，结合自己观察总结出的宝贵知识，编写成《寰天图说》一书）倡议下建成，并以纯阳祖师的名号命名。

纯阳观竣工后的建筑群规模宏大，坐北朝南，依山而建，错落有致，布局严谨，占地面积达 1 万余 m^2，先后建有山门、灵官殿、吾真堂、拜亭、东西廊庑、步云亭、东西客厅、库房、怡云轩、朝斗台、南雪祠、清献祠、杨孚祠、松枝馆、菊坡祠、八仙楼、凤凰亭等建筑。

纯阳观现仅存灵官殿、纯阳宝殿、朝斗台三处清代建筑，其中朝斗台是方形花岗石砌高台，用以观察天象，是广东省最早建立的古观象台。

纯阳宝殿是纯阳观的主体建筑，平面呈矩形，面阔三间，进深三间，殿前设拜廊，拜廊与宝殿屋顶相连。大殿依山势而筑有月台三层，层层用雕刻精美的青石栏杆围护。

宝殿为传统岭南建筑形式，硬山屋顶，碌筒瓦屋面，绿色琉璃瓦当、滴水剪边。屋脊为博古脊，脊基灰塑饰面，上层为陶塑脊饰，上置鳌鱼、双龙戏珠琉璃脊刹。宝殿正面檐口和拜廊檐口封檐板，木雕精细并贴金箔装饰。拜廊和宝殿正面屋面交接，共用前檐柱，拜廊内宝殿屋檐上有彩绘女儿墙。宝殿建筑为水磨青砖墙麻石脚，大木抬梁式架结构，梁架材料为海外进口的菠萝格。

纯阳宝殿里除供奉吕洞宾祖师外，还供奉全真派开宗祖王重阳祖师、全真龙门派立派之祖邱处机祖师。

观内亭台楼阁，古树葱茏，怪石嶙峋，溪山如画，环境清幽。纯阳观不仅是道教圣地，还是游览胜地。

纯阳观的文化内容十分丰富，其艺术风格也各臻其妙。它将文化、建筑、雕塑、石刻、书画等各种艺术熔铸于一炉，生动地反映了道教文化的思想情感、理想追求以及古代劳动人民的聪明才智。

▶ 广州纯阳观位于广州市海珠区新港西路瑞康路附近的漱珠岗山上。漱珠岗由 2 亿年前火山喷发出的熔岩堆积而成。广州道教中人素有"北至三元宫，南去纯阳观"之说。现今纯阳观虽位居商贸闹市之中，山门牌坊内却别有洞天，清幽宁静，纯阳观在建筑风格中将各有特色的文化、书画、装饰、雕塑、石刻等各种艺术熔于一炉。汉代杨孚、宋代崔菊坡、清代岭南画派鼻祖居廉等名人都曾在这里设帐讲学。由于开山祖师李明彻真人博学多才、知古通今，精通诗文书画及天文之学，纯阳观在岭南艺术界更是声名鹊起，苏六朋、居巢、居廉及其弟子高剑父、高奇峰、陈树人等文人墨客在此雅集创作，还广种梅花，所以纯阳观也称"梅社"。

纯阳观纯阳宝殿

▲ 纯阳观现状鸟瞰。由于在建成后，道观屡遭破坏，现今所见的观内建筑，都经过修葺或为新建，并按山岗地势逐级布局，主要的殿堂集中于山岗的南侧

▲ 纯阳观院内钟楼（1）

▲ 纯阳观院内钟楼（2）

▲ 纯阳观院内朝斗台

▲ 纯阳观纯阳殿（1）

▲ 纯阳观纯阳殿（2）

▲ 纯阳观纯阳殿右侧

▲ 纯阳宝殿在2003年重修，将拜亭走廊合为拜廊，钟楼、鼓楼分置两旁，留出月台空间，保留周边古树，钟楼旁的鸡蛋花树形态古老苍劲，鲜花盛开时大殿清香扑鼻

▲ 宝殿的陶塑屋脊、灰塑山花

▲ 陶塑正脊置二龙争珠，檐口板、匾额、梁桁枋等贴金木雕

▲ 纯阳观纯阳宝殿和拜廊局部

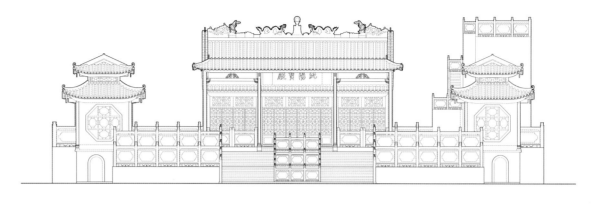

▲ 纯阳观纯阳宝殿 – 正立面图

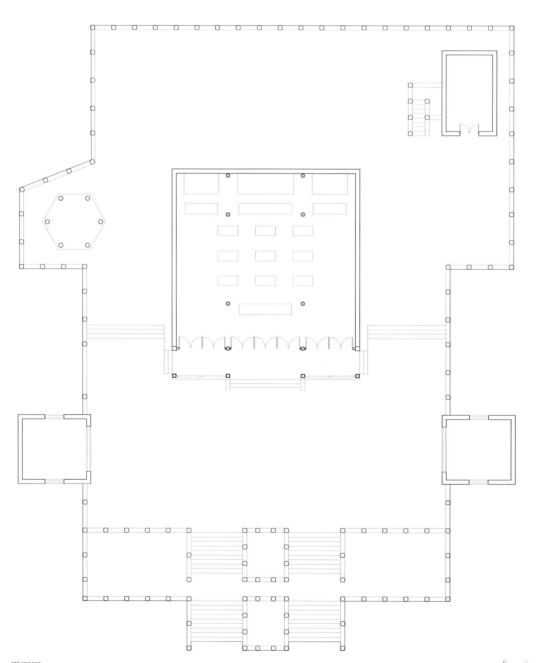

▲ 纯阳观纯阳宝殿 – 平面图

240 | 南粤古驿道著名古建筑 3D数字化图录

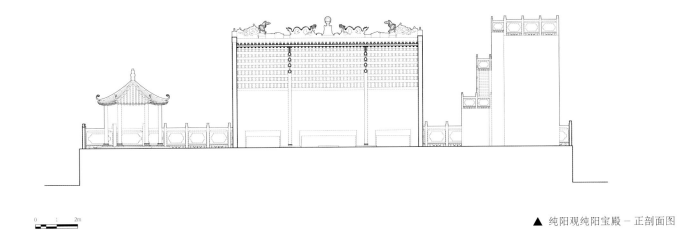

▲ 纯阳观纯阳宝殿 – 正剖面图

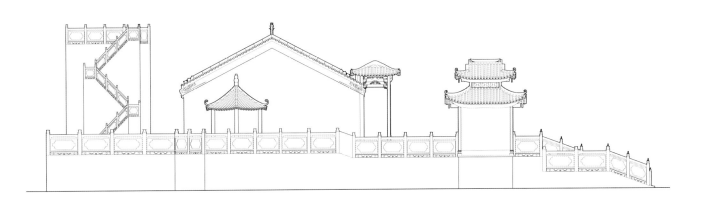

▲ 纯阳观纯阳宝殿 – 侧立面图

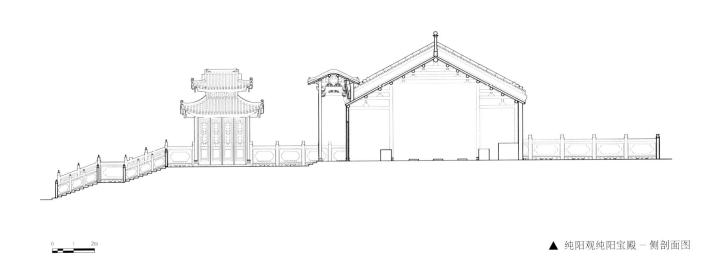

▲ 纯阳观纯阳宝殿 – 侧剖面图

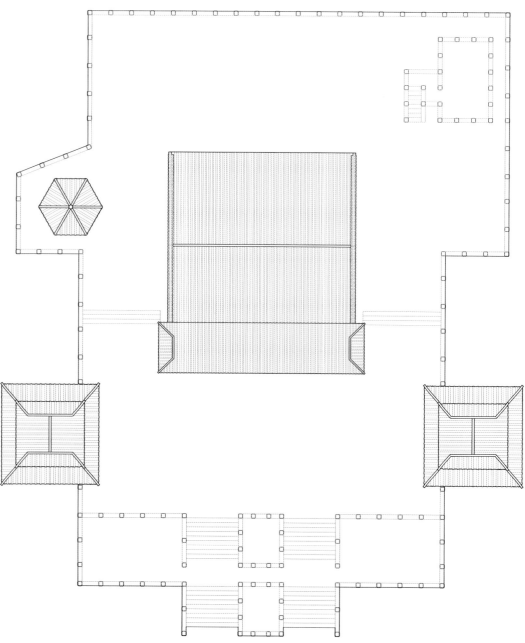

▲ 纯阳观纯阳宝殿－屋顶平面图

▲ 纯阳观纯阳宝殿 - 低点正面透视图

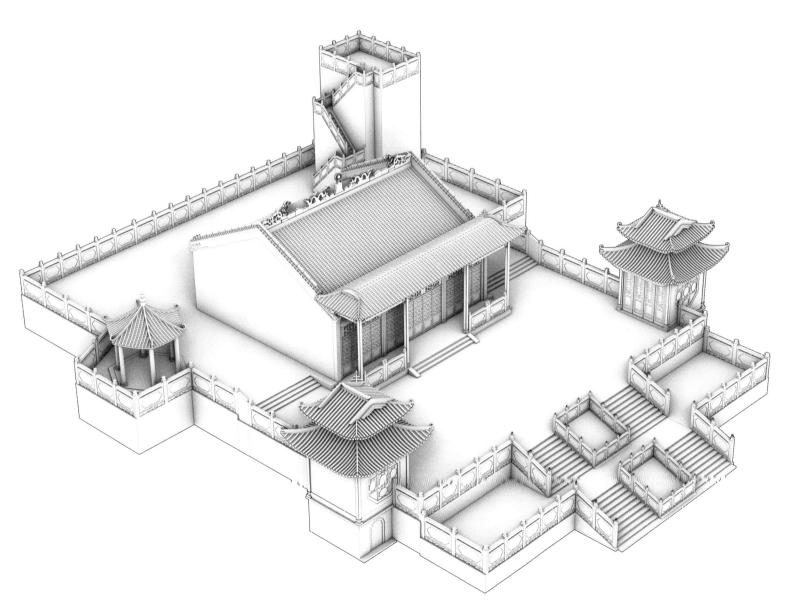

▲ 纯阳观纯阳宝殿 - 鸟瞰透视图（1）

▲ 纯阳观纯阳宝殿－钟楼、明彻亭建筑局部透视图

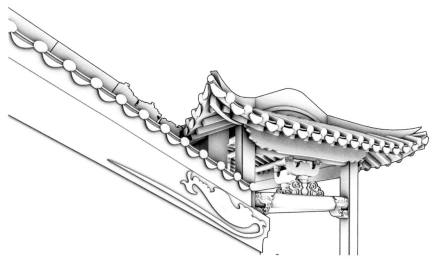

▲ 纯阳观纯阳宝殿－宝殿山墙与拜廊建筑局部透视图

▲ 纯阳观纯阳宝殿－拜廊与宝殿檐廊屋面及女儿墙的透视图

▲ 纯阳观纯阳宝殿－低点透视图

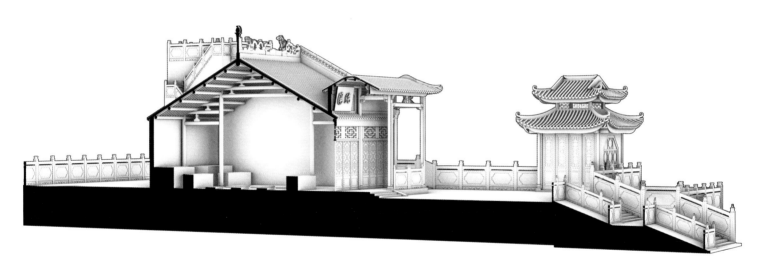

▲ 纯阳观纯阳宝殿－侧剖面透视图(1)

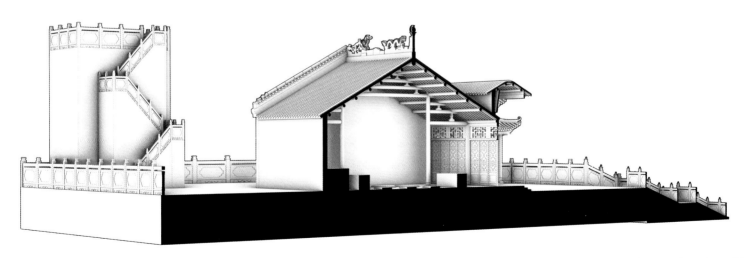

▲ 纯阳观纯阳宝殿－侧剖面透视图(2)

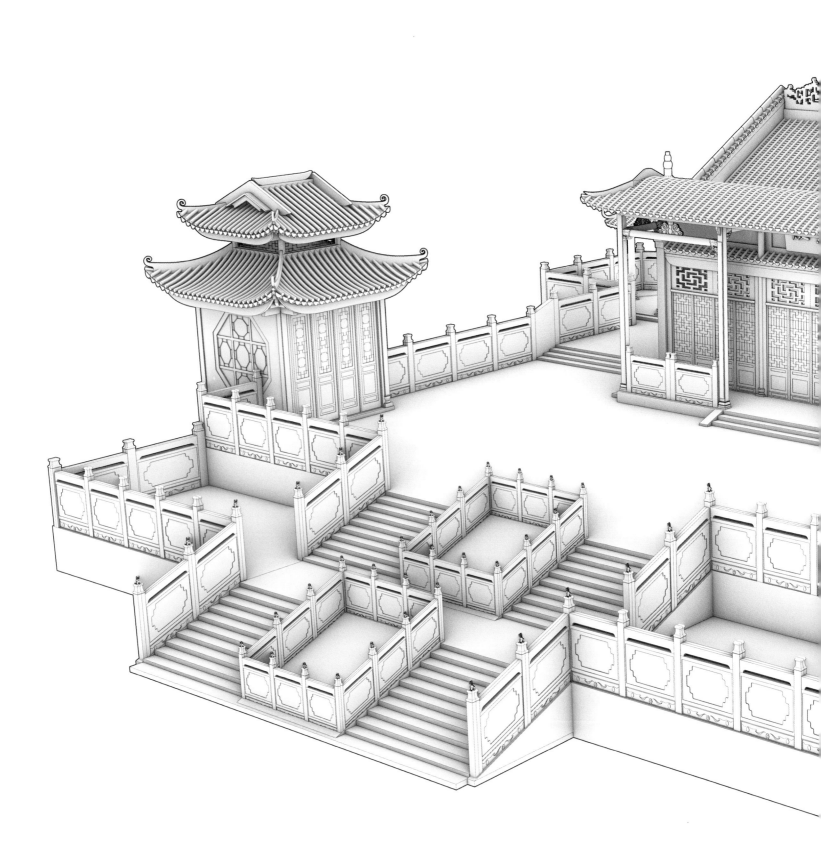

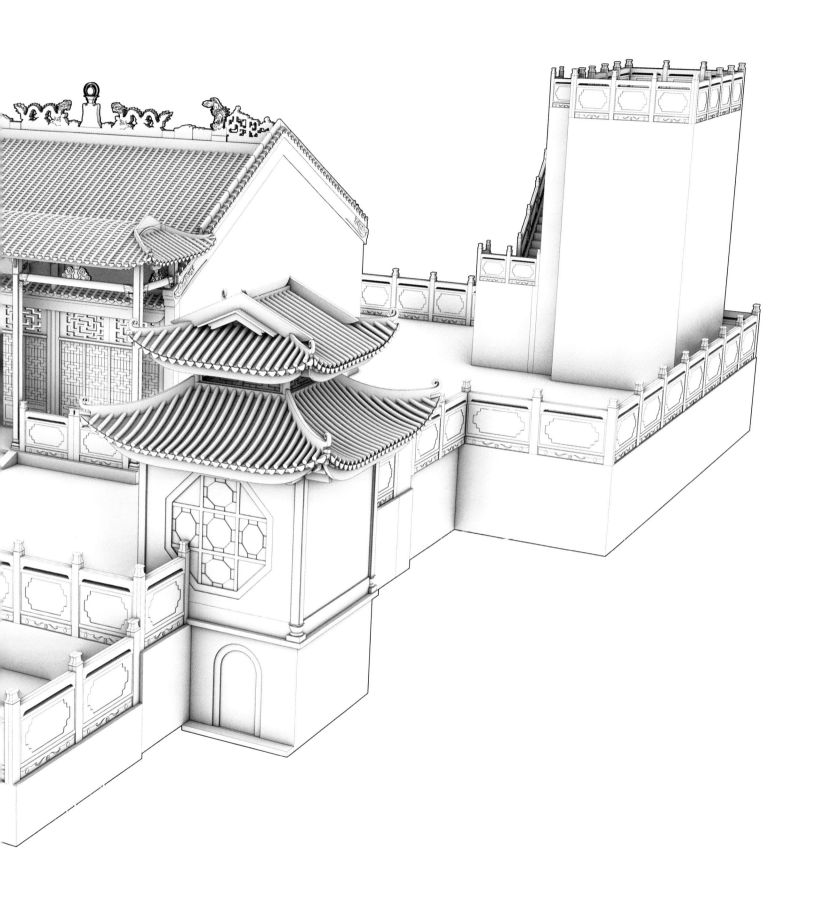

▲ 纯阳观纯阳宝殿 – 鸟瞰透视图 (2)

2.16 报德祠
Baode Temple

报德祠位于广州市增城小楼镇腊圃村，在招贤山、卧虎山及澄溪水的青山秀水之间，是明洪武十八年（1385年），腊圃村村民奉明太祖朱元璋的圣旨，在邑中建庙祀"诛乱锄暴"义士赖麒卿为国立功的祠堂。

报德祠与相邻元代修建的仓沮圣庙以及明洪武甲子年（1368年）增建的景星楼呈横向排列，融为一体，形成了一组独特的庙、塔、祠和谐相处的小型古建筑群。

报德祠为硬山顶建筑，平面布局中轴对称，朝向北偏西10°，面阔五间，进深三进。沿第一进头门大门前后为门廊和门厅，门厅左右为耳房；第二进天井庭院中间为拜亭，拜亭左右设廊庑；第三进中间为后堂，后堂正厅左右为耳房。宗祠建筑为素胎瓦板屋面，碌灰筒瓦，瓦当、滴水剪边。前后座屋脊为博古脊灰塑饰面，上置琉璃鳌鱼、宝珠脊刹。建筑为青砖墙，墙身檐口有封护灰塑、彩绘书画，屋檐封檐板彩绘装饰。

报德祠虽然建筑规模不大，但是建筑规格很高，檐柱均为石柱，木梁枋为抬梁式架构，瓜柱、短柱粗壮。这里红色的仪门（中门）和仪门高高的门槛，以及上面红底金字的匾额均代表至高无上，显示出祠堂的与众不同。

过门厅之后有一个拜亭，内外竖立着8根石柱，其中外围4根是圆形的，内侧4根则是方形的，古代寓意天圆地方。古时拜亭供皇族或官员拜祭神明使用，普通百姓在两边侧廊拜祭。

增城报德祠佛、儒、道三教合一的建筑布局特色，是岭南古宗教建筑中少见的。

▶ 报德祠位于广州市增城区小楼人家景区，如今报德祠是与仓沮圣庙、景星楼三合一的。报德祠因为是皇帝敕建，虽然规模不大，但是规格很高。
报德祠前方有放生池，侧边的景星楼旁有砚池，周边有数棵百年以上的高大木棉树。整个报德祠片区，既有寓意读书的一系列建筑，又有象征"武"的红木棉，象征着报德祠文武双全

▲ 报德祠正脊、垂脊为灰塑花脊，两侧山墙墀头、檐墙叠涩出檐，灰塑山花、壁画，廊墙檐下彩绘典故图画

▲ 报德祠面宽五间，硬山屋顶，灰塑花脊脊饰，青砖墙，山门前部有红砂岩石廊柱、石门洞，木枋桁为抬梁式

▲ 报德祠和仓沮圣庙、景星楼在放生池前横向排列，互为一体

▲ 报德祠正脊两端上置琉璃陶塑鳌鱼、宝珠脊刹，山墙两端上置琉璃陶塑狮子，檐廊彩绘木雕檐口板

▲ 报德祠素瓦屋顶，正脊、垂脊为博古脊

▲ 报德祠头门抬梁式架

▲ 报德祠山门大门后再开的一道朱漆仪门（中门）

2 岭南著名古建筑 3D 数字化图录　2.16 报德祠

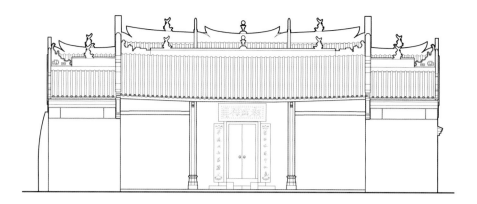

▲ 报德祠－正立面图

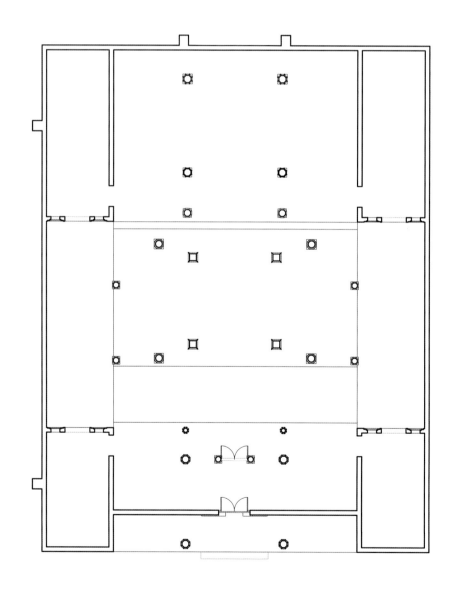

▲ 报德祠－平面图

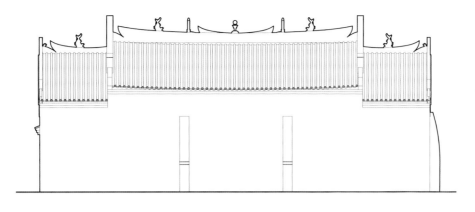

▲ 报德祠 - 背立面图

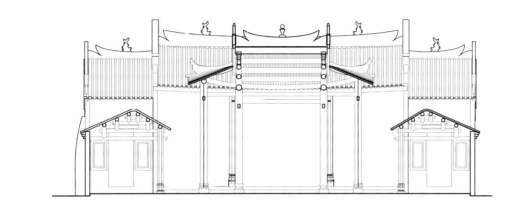

▲ 报德祠拜亭处 - 正剖面图

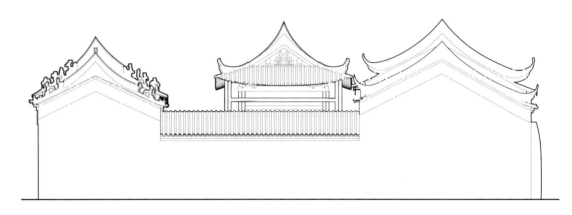

▲ 报德祠 - 侧立面图

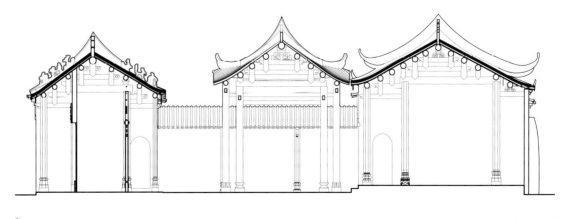

▲ 报德祠 - 侧剖面图

2 岭南著名古建筑 3D 数字化图录　　2.16 报德祠 | 253

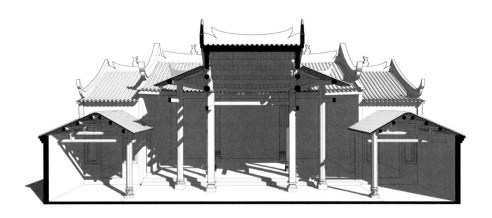

▲ 报德祠 - 正剖面透视图

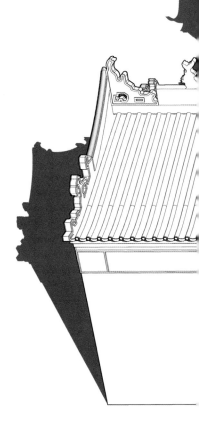

▲ 报德祠 - 侧剖面透视图

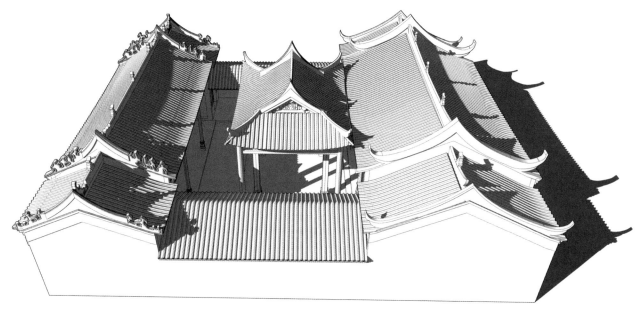

▲ 报德祠 - 鸟瞰侧立面透视图

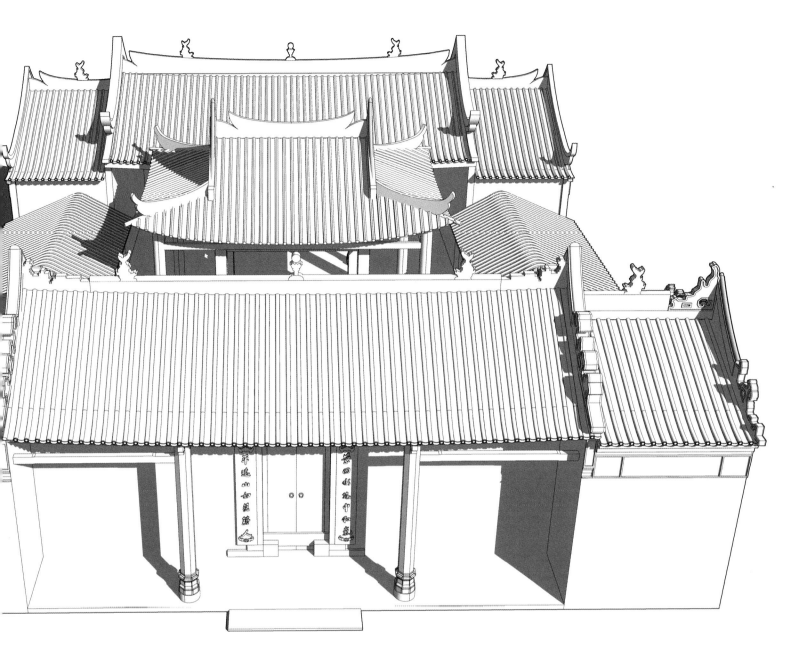

▲ 报德祠-鸟瞰正面透视图

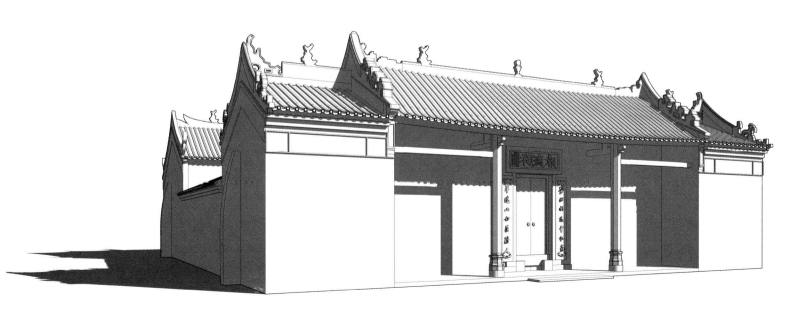

▲ 报德祠-低点透视图

2 岭南著名古建筑 3D 数字化图录　　2.16 报德祠

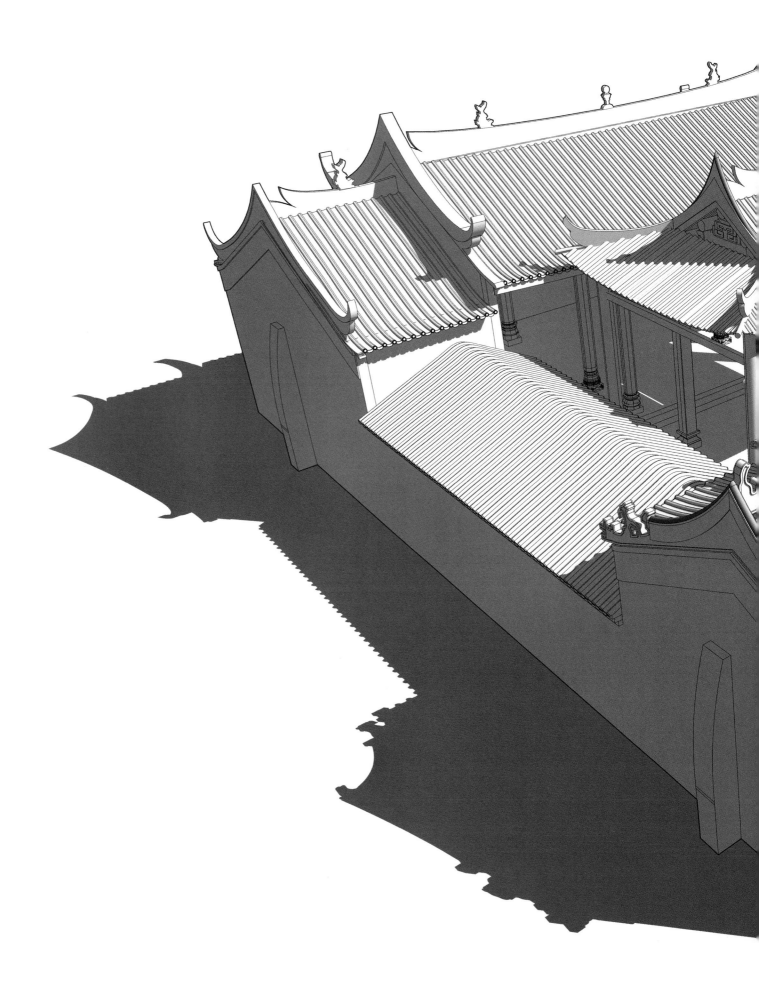

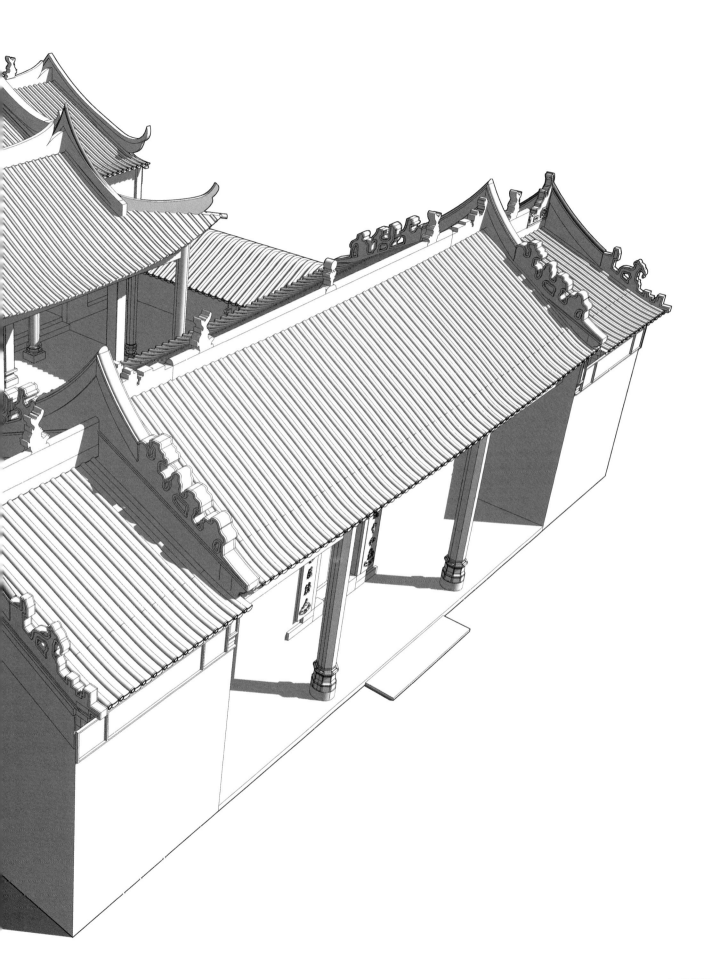

▲ 报德祠 - 鸟瞰透视图

2 岭南著名古建筑 3D 数字化图录　　2.16 报德祠

2.17 康公庙
Kong Kung Temple

康公庙位于澳门十月初五街，全称康真君庙，俗称康公庙，是澳门历史较早的中式庙宇建筑，始建于清咸丰七年（1857年），咸丰十年（1860年）落成，至今已逾200年。

康公庙是岭南地区典型的中型道观庙宇，庙内正殿供奉康公真君。建筑沿中轴线纵深布局，由中、西、东三路三进建筑组成，建筑总面宽22.74m，总进深27.62m。

沿中轴线从前至后建筑为山门、香亭、大殿；左路建筑有华佗殿、六祖殿、藏经阁及附属用房；右路建筑是舍馆、店铺。建筑结构采用岭南地区古建筑基本的砖木混合结构。

秉承中国传统庙宇建筑风格，康公庙建筑主要由屋顶与墙身、台基三个部分组成。建筑屋顶为硬山顶，叠落山墙，灰塑饰脊。正脊为博古脊，脊基灰塑的瑞兽、山花、宝物十分丰富，上置琉璃鳌鱼、宝珠脊刹。墙身青砖石脚，木石结构雕刻精美，贴金木雕更显辉煌。山门坐在二踏高的石台基上，檐廊石柱、石门洞上多刻楹联，颇为庄严。庙内陈设，金鼎铜钟，长幡神器，别具古致。

澳门先人建康公庙是为了祈求神灵庇护澳门百姓平安。据说清咸丰年间（1851~1861年），一座随水漂浮而至的木雕康王神像被当地居民拾起，坊众集资于附近建祠供奉，后逐渐扩建成现在的规模。

每年农历七月七日的康公诞日，庙宇门前的广场张灯结彩，锣鼓喧天。信徒将康公的神像抬到街上，神像在锣声和烟雾中行进，热闹非常。

▶ 康公庙位于澳门十月初五街中段，康公庙前地路面保留大片原始的条皮石，令康公庙更显古朴

▲ 康公庙头门门廊的贴金木雕抬梁架

▲ 康公庙正殿木金柱与栋、桁和抬梁架的柱式结构

▲ 康公庙山门。主体建筑为硬山屋顶，叠落山墙，博古花脊，正脊上置琉璃陶塑脊刹。头门门廊的石雕、木雕、砖雕都十分精彩

▲ 康公庙山墙砖雕墀头，石雕檐柱、额枋、柁墩、雀替及梁头

▲ 康公庙屋脊灰塑多为人物、动物、花卉、水果。屋檐贴金木雕封檐板，门墙额上檐下彩绘壁画

▲ 康公庙 – 第一正立面图

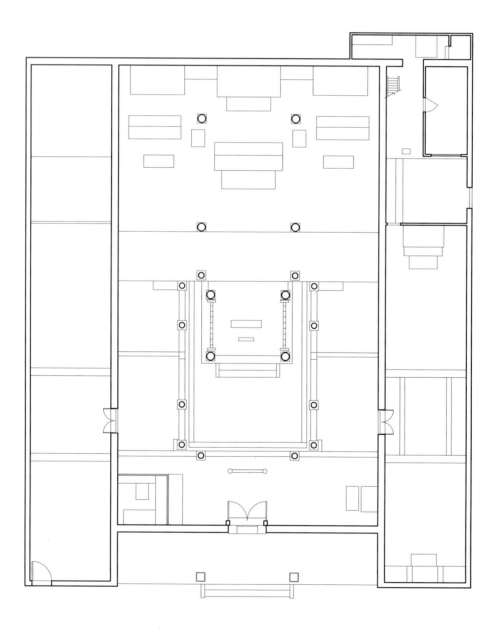

▲ 康公庙 – 平面图

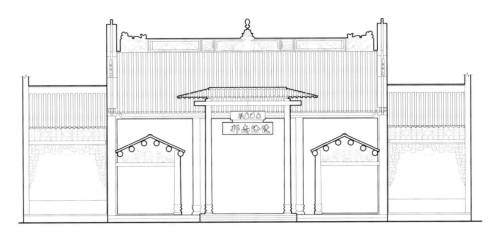

▲ 康公庙 - 第二正立面图

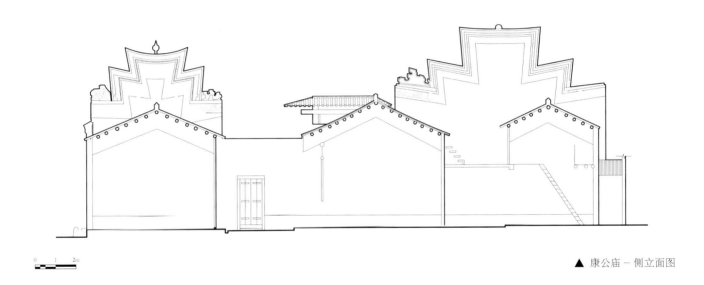

▲ 康公庙 - 侧立面图

▲ 康公庙 - 侧剖面图

2 岭南著名古建筑 3D 数字化图录 　 2.17 康公庙 ｜ 263

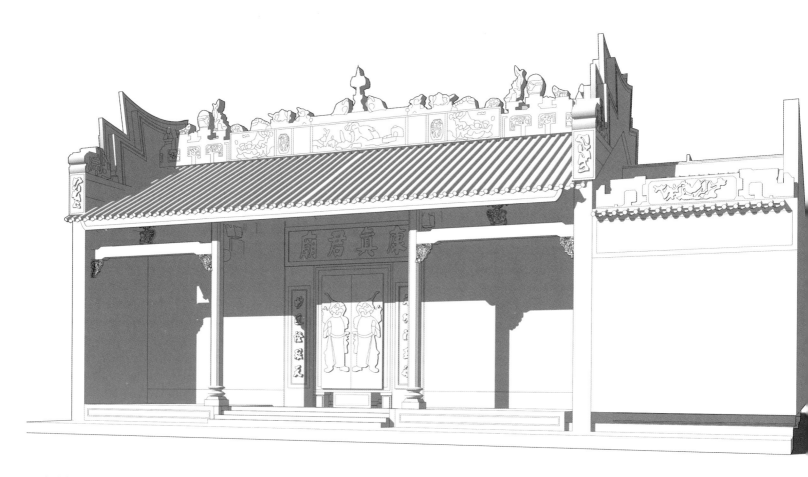

▲ 康公庙－正面透视图

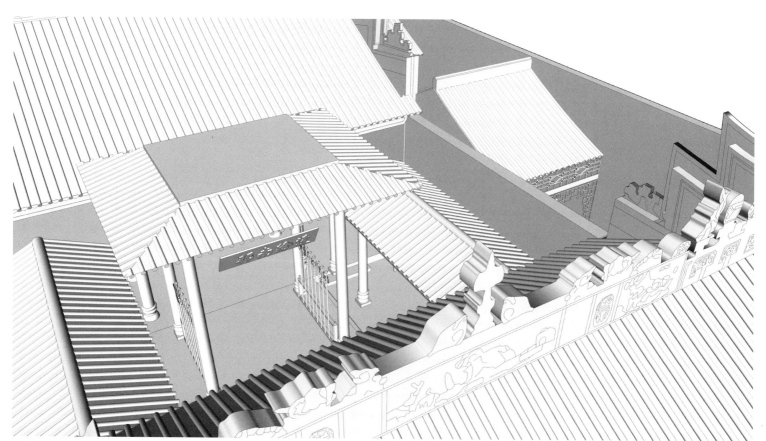

▲ 康公庙－鸟瞰香亭屋脊透视图

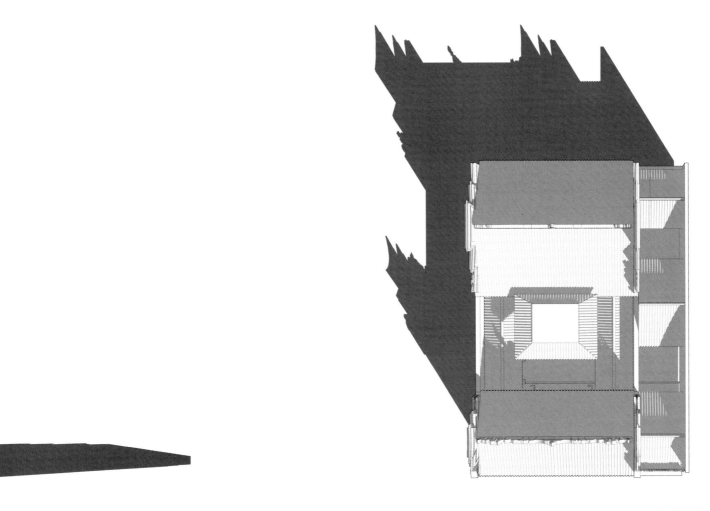

▲ 康公庙－俯瞰透视图

▲ 康公庙－建筑局部透视图（1）

▲ 康公庙－建筑局部透视图（2）

2 岭南著名古建筑 3D 数字化图录　　2.17 康公庙

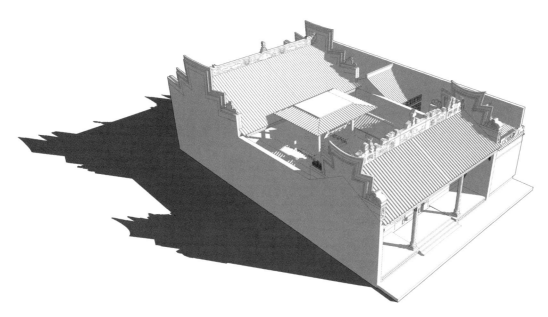

▲ 康公庙－鸟瞰透视图(1)

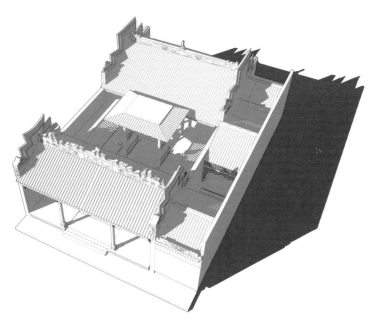

▲ 康公庙－鸟瞰透视图(2)

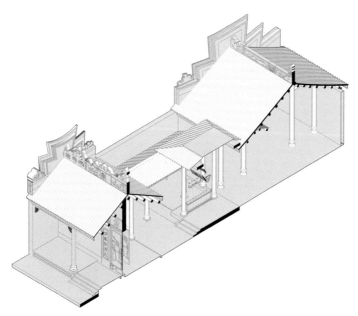

▲ 康公庙－鸟瞰侧剖面透视图

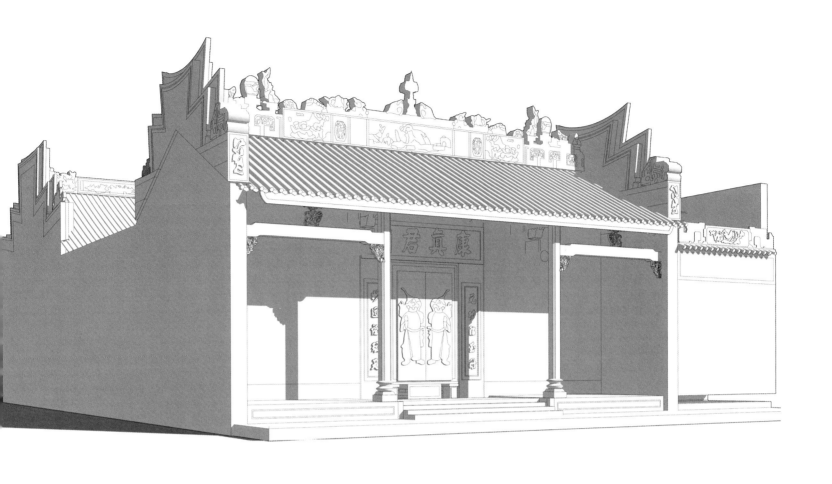

▲ 康公庙 - 低点透视图

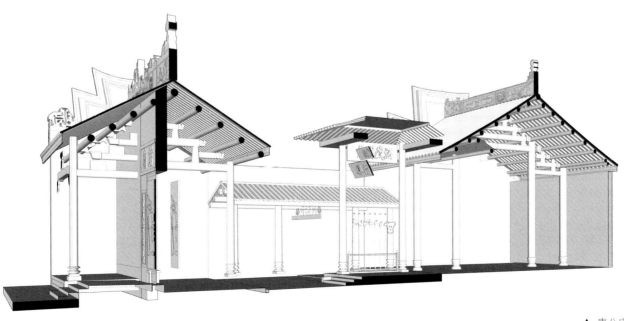

▲ 康公庙 - 侧剖面透视图

2 岭南著名古建筑 3D 数字化图录　2.17 康公庙

2.18 光孝寺·六祖殿
Guangxiao Temple · the Sixth Patriarch Hall

六祖殿是广州光孝寺内供奉六祖慧能大师真身的等身金身铜像的殿堂,坐落在光孝寺大雄宝殿的东侧,始建于北宋大中祥符年间(1008~1016年),清康熙三十一年(1692年)重建。2004年落架大修后,这座具有悠久历史和深厚文化底蕴的建筑得以重光。

唐代是中国佛教发展的鼎盛年代,形成了佛教的求法运动和传法运动两个高潮,作为中外佛教交流中心的光孝寺,此时也进入了最辉煌的时期。禅宗是神州大地佛教最大的宗派,六祖慧能是中国佛教禅宗真正的创立者,他曾在光孝寺开演顿教、落发受具,更是给已声名远扬的光孝寺增添了一道最为耀眼的光环,让光孝寺名传千古。

六祖殿是檀越(俗家信徒)郭重华捐建的,匾曰"祖堂"。面阔五间,进深四间,外檐柱18根,内柱8根,柱础扁平古朴,平面呈矩形,建筑面积超2000m^2。

六祖殿的建筑体现了中国古代建筑的严谨和壮观,采用传统的歇山顶建筑形式,屋顶素板瓦,绿色琉璃瓦筒、滴水、瓦当剪边。屋脊为翘角脊,正脊和垂脊为卷草浮雕花脊,上置吞脊鳌鱼、夋龙。外檐柱间槛墙全部开有直棂窗或斜方格槅扇门,斗栱内外之间无栱垫板,具有岭南建筑内外空间通透的建筑风格,结构工艺威严壮丽,特点鲜明。

六祖殿前面有一座八角七层唐代仿楼阁式的砖塔——瘗发塔,是当年六祖慧能削发受戒后埋藏头发的地方。殿前还有一棵古菩提树,其母树是502年由僧人智药三藏从古天竺国(今印度)释迦牟尼佛成道处带来的一株菩提树苗,是中国有确切记载最早移植的菩提树,被誉为"光孝菩提",是宋代羊城八景之一。

▶ 唐龙朔元年(661年),慧能北上求佛在湖北黄梅东山寺做杂工,凭着一首关于菩提树的偈子(菩提本无树,明镜亦非台。本来无一物,何处惹尘埃),还是俗家信徒的慧能赢得五祖弘忍的青睐,密授《金刚经》,密传禅宗衣钵,及后慧能为了躲避迫害一直混迹猎户,南行来到了岭南的政治、经济文化中心——广州。

唐仪凤元年(676年)正月初八日,印宗法师在广州法性寺(即现光孝寺)演讲《涅槃经》,慧能亦在人群中听讲。法师即景说法,向僧众问道:到底是风在动?还是幡在动?慧能曰:不是风动,不是幡动,仁者心动。一语惊四座,印宗与之交谈,惊奇他对于深奥佛学的理解,慧能亮明身份,出示五祖所传禅宗衣钵信物。而还没有正式僧人身份的行者六祖慧能,在印宗法师主持下,正月十五日于此处菩提树下正式落发,受具足戒,印宗等亦即拜在慧能门下。

同年四月初八日,六祖慧能开始在菩提树下为众人说法,主张"顿悟",以"无念"为宗旨,这就是中国佛教史上著名的"开东山法门"。他完成了佛教的中国化,六祖慧能成了真正的中国佛教禅宗的始祖

▲ 光孝寺六祖殿的正脊两端置灰塑吞脊鳌鱼，垂脊端置黄琉璃天将，戗脊端置灰塑吞脊戗龙

▲ 光孝寺六祖殿墙身斗栱都是通透的，高高扬起的屋檐角翼更显舒展轻盈。殿前右侧就是菩提树和瘗发塔

▲ 光孝寺六祖殿正面三开间和背面一开间槅扇门，上部为横披窗，其他为槛墙开直棂窗，利于通风通气

270　南粤古驿道著名古建筑 3D 数字化图录

▲ 光孝寺六祖殿面阔五开间，整体坐落在石台基上，檐柱、槛墙和开间窗扇围合殿身，出昂的斗栱与殿内金柱与大式抬梁架结构举起巨大的单檐歇山屋顶

▲ 光孝寺六祖殿屋檐翼角

▲ 光孝寺六祖殿灰塑鳌鱼吻、琉璃陶塑天将

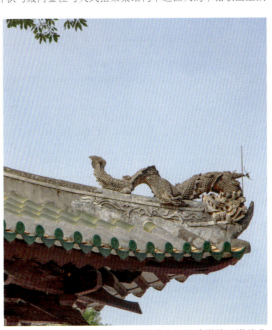

▲ 光孝寺六祖殿戗脊的吞脊戗龙

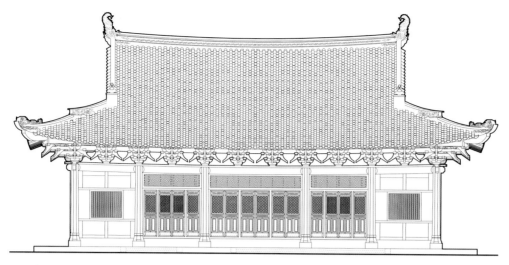

▲ 光孝寺六祖殿 - 正立面图

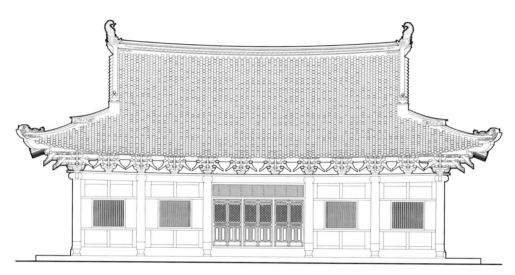

▲ 光孝寺六祖殿 - 背立面图

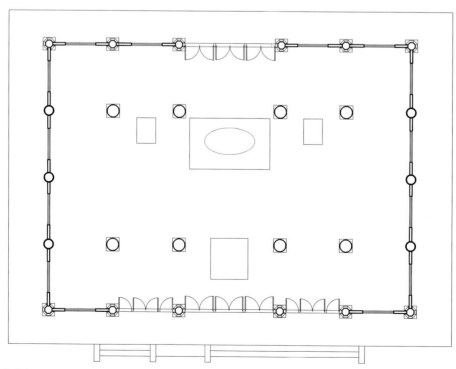

▲ 光孝寺六祖殿 - 平面图

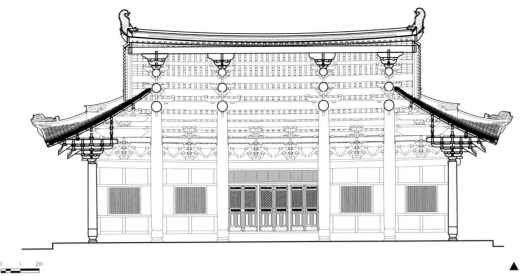

▲ 光孝寺六祖殿－正剖面图

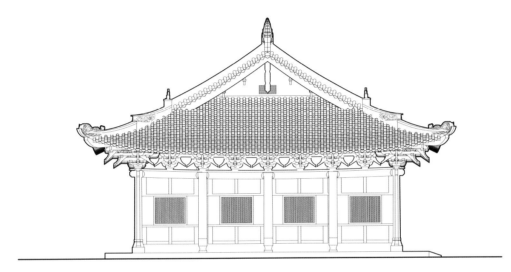

▲ 光孝寺六祖殿－侧立面图

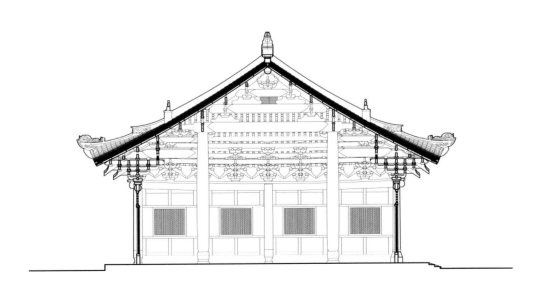

▲ 光孝寺六祖殿－侧剖面图

2 岭南著名古建筑 3D 数字化图录　2.18 光孝寺·六祖殿　| 273

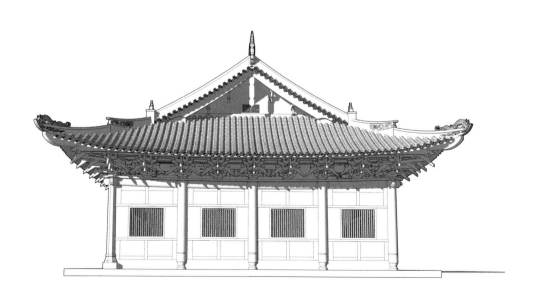

▲ 光孝寺六祖殿－侧立面透视图

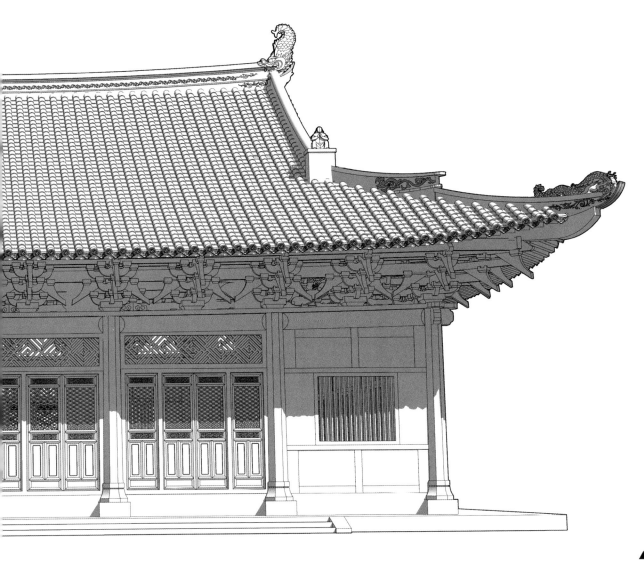

▲ 光孝寺六祖殿－正面透视图

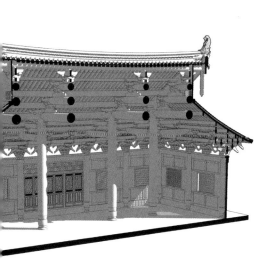

▲ 光孝寺六祖殿－正剖面透视图

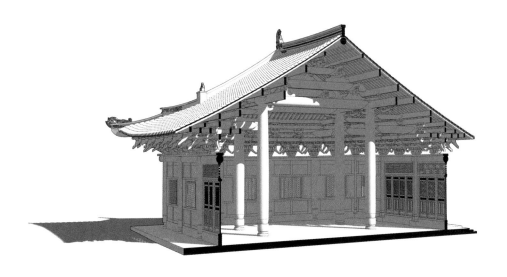

▲ 光孝寺六祖殿－侧剖面透视图

2 岭南著名古建筑 3D 数字化图录　　2.18 光孝寺·六祖殿

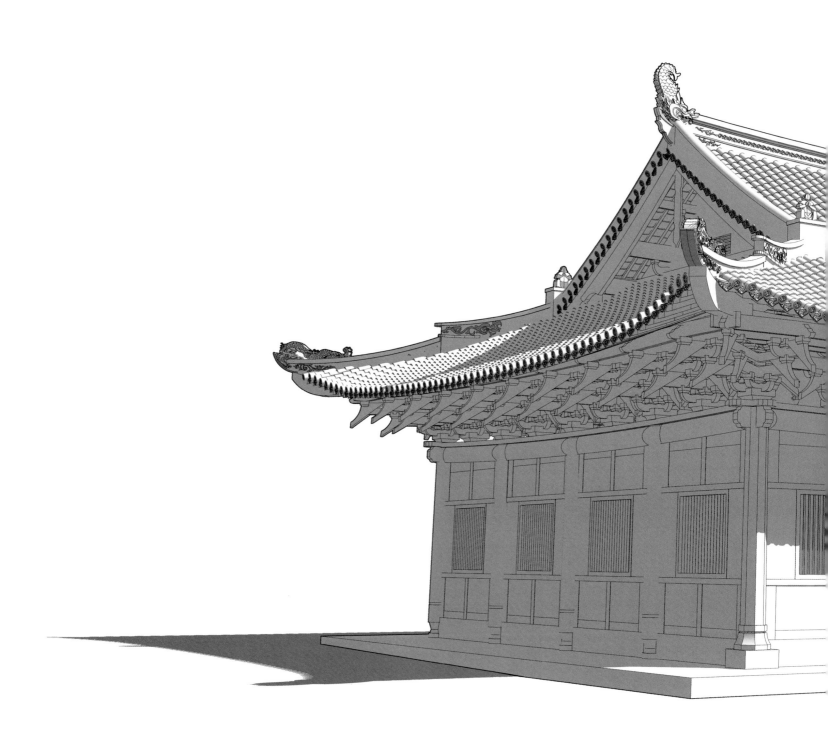

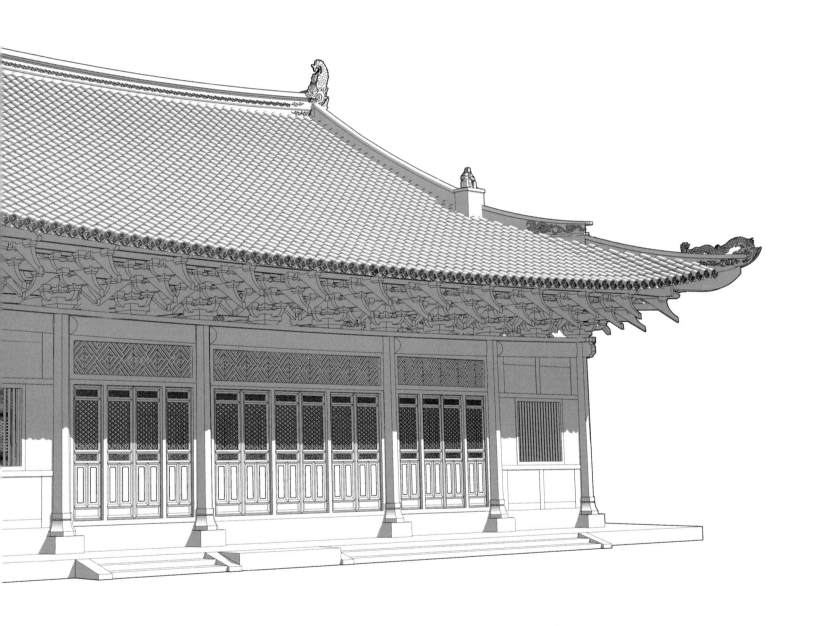

▲ 光孝寺六祖殿 – 低点透视图

2.19 锦纶会馆
Jinlun Guild Hall

锦纶会馆是清代至民国时期广州民间丝织行业会馆，是当时广州纺织业聚会议事的场所。会馆位于广州市荔湾区康王路西侧，始建于清代雍正元年（1723年），道光二十四年（1844年）重修。

锦纶会馆又称锦纶堂，是一座清代岭南典型的祠堂式会馆建筑，主体建筑面积700m²，坐北朝南，面阔22.1m，进深38.5m。原只有中路，后添建东序和西序。从前至后，东路依次为青云巷、东厅、东倒座；中路为头门门厅、天井、中堂、天井、后堂；右路为西厅、后轩、西倒座。

会馆建筑采用典雅的青砖石脚墙，灵动的硬山坡瓦屋面，素胎板瓦，碌灰筒瓦，绿色琉璃滴水、瓦当剪边。山墙是岭南古建筑典型的镬耳式山墙，正脊为博古脊基层、灰塑饰脊，上层为陶瓷花卉花脊，上饰精致的清代陶雕花脊和四周的飞禽走兽、山石花草灰塑，琉璃陶塑鳌鱼、狮子、宝珠等，还有封檐板上精雕细刻的花鸟、游鱼、卷草等，墀头上的砖雕人物传说，凸显了清代早期的蓬勃气象。脊饰顶端是"鳌鱼护珠"琉璃陶塑脊刹，寄寓独占鳌头、升官晋爵的意愿。

会馆精彩的石刻、木雕、砖雕、陶塑及灰塑，展示出岭南建筑的灵动和秀丽，处处体现与清代祠堂会馆建筑相协调的艺术风格。

锦纶会馆馆内完整保留二十多块碑刻，是研究清代资本主义萌芽和广州商贸发展史的重要实证，是广州丝织行业发展的历史见证，也是南粤古驿道的真实写照，更是中国海上丝绸之路的重要物证，有着珍贵的历史价值和较高的艺术价值。

▶ 锦纶会馆是广州市唯一保留较完整的清代行业会馆，是中国资本主义萌芽的历史见证，是海上丝绸之路的重要遗迹，是"十三行"对外贸易的重要物证，印证了中国纺织行业及丝织品出口曾经有过的辉煌，孙中山先生曾专门提出要"永远保留"。
2001年因广州市建设康王路对锦纶会馆实施整体移位，向北平移80.4m，顶升1.085m，再转向西平移22m至现址，整体保持原有朝向和面貌，创下砖木结构古建筑平移的全国先例，也是国际上第一例平移顶升工程

▲ 锦纶会馆锦纶堂活化后的一进天井庭院、天井两廊、中堂，中堂屋脊精彩的灰塑陶雕花脊

▲ 锦纶会馆一进天井的两廊脊有精美的灰塑花脊，头门门厅和中堂正厅即檐廊采用叠斗式梁架

▲ 锦纶会馆头门门厅的屏门左右各有一座木阁楼，是旧时会馆活动请戏班的更衣室

▲ 会馆整体坐落在石台基上，镬耳山墙屋脊为灰塑花脊、陶瓷雕塑，青砖石脚砌墙，石洞门，檐廊石立柱，雕花石梁头、额枋、隔架、牛腿、雕花木封檐板、叠斗抬梁架

▲ 锦纶会馆镬耳山墙

▲ 锦纶会馆檐廊石立柱、石门洞、青砖檐墙、木雕封檐板

▲ 锦纶会馆灰塑花脊、石雕隔架、牛腿、砖雕墀头

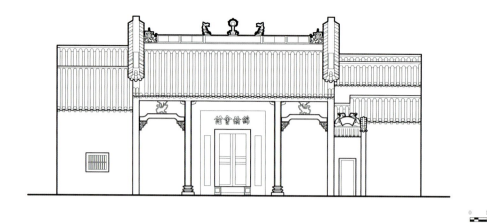

▲ 锦纶会馆 – 立面图

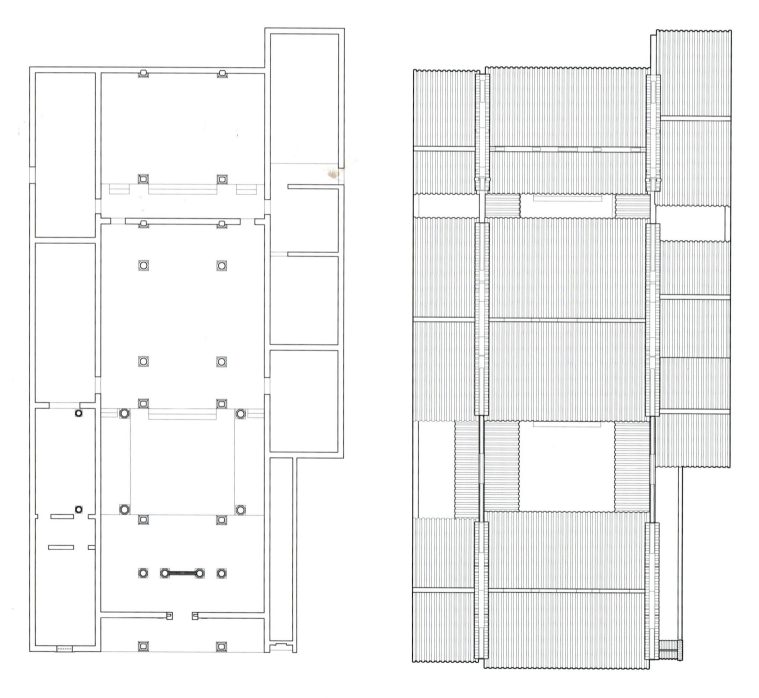

▲ 锦纶会馆 – 平面图

▲ 锦纶会馆 – 屋顶平面图

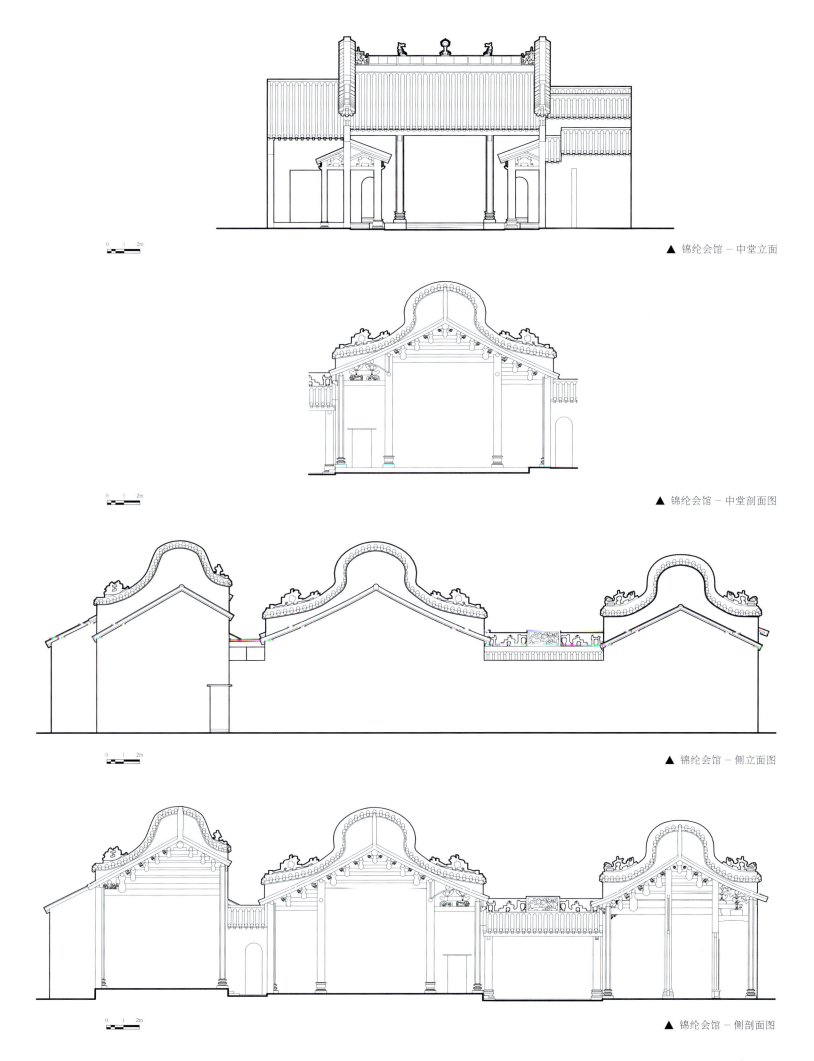

▲ 锦纶会馆－中堂立面

▲ 锦纶会馆－中堂剖面图

▲ 锦纶会馆－侧立面图

▲ 锦纶会馆－侧剖面图

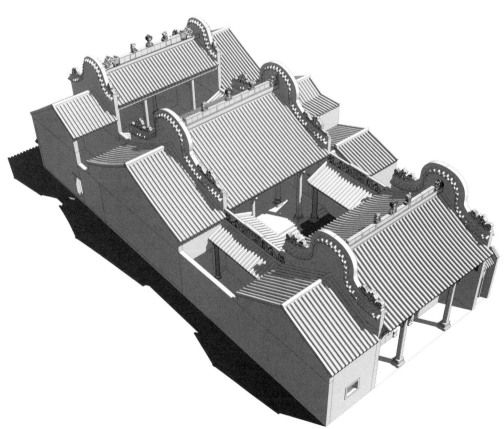

▲ 锦纶会馆 - 鸟瞰透视图（1）

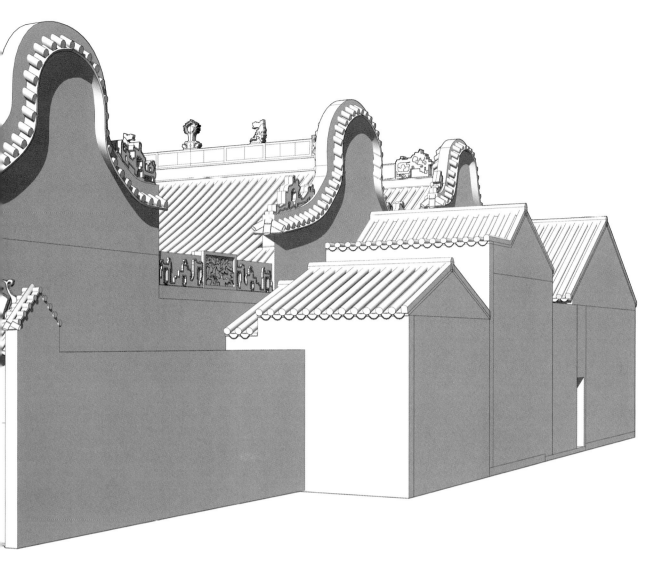

▲ 锦纶会馆－低点透视图

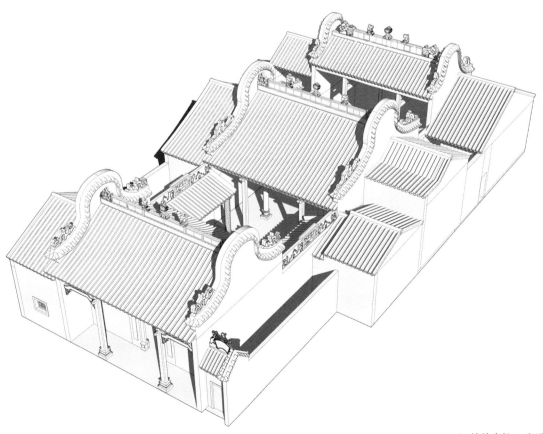

▲ 锦纶会馆－鸟瞰透视图（2）

▲ 锦纶会馆－正剖面透视图（1）

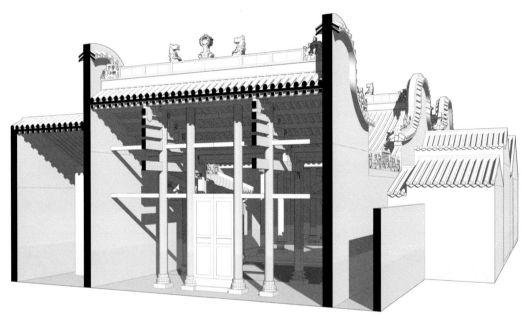

▲ 锦纶会馆－正剖面透视图（2）

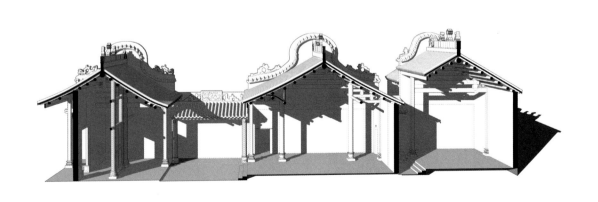

▲ 锦纶会馆－侧剖面透视图（1）

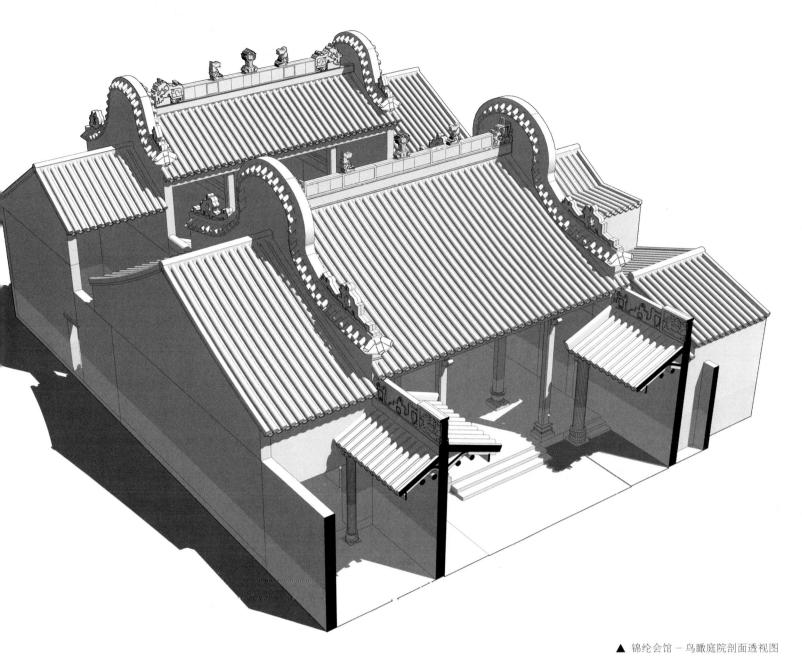

▲ 锦纶会馆－鸟瞰庭院剖面透视图

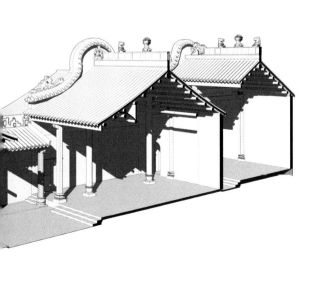

▲ 锦纶会馆－侧剖面透视图（2）

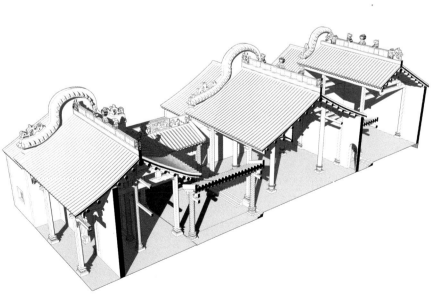

▲ 锦纶会馆－鸟瞰侧剖面透视图

2.20 苏氏宗祠
Su Clan Ancestral Hall

苏氏宗祠是一处家族祠堂建筑，属于苏氏家族祭祀祖先和先贤的场所，始建于明嘉靖二十年（1541年），坐落于现东莞市南城区，占地1636m²，建筑面积851m²，规模较大，等级较高，岭南地方特色鲜明，是岭南著名的宗祠建筑。

宗祠主体建筑平面为五开间四进深，坐西朝东，中轴线布局，从前至后分别为头门、天井及两廊、德本堂、天井、祖堂和后书楼。左、右次路建筑对称分置于两旁，前为带院子的倒厢房，中间大庭院，后置一个有小天井的两层楼阁。宗祠建筑坐落在红砂岩台基上，天井、院落地面步道多满铺红砂岩石条、石块。

主体建筑梁架为抬梁式构架，砖木结构，祠内梁栱、木雕、灰塑、陶塑工艺精良，精美绝伦。

中轴建筑为硬山坡屋顶（书楼为半坡顶），一二三进屋脊正脊为博古脊，花鸟陶塑脊饰，造型优美，工艺精细。

正脊上置琉璃陶塑鳌鱼脊刹，十分生动。垂脊脊角飞翘，厚重而有灵气。左、右两路山墙则是岭南建筑特有的广府镬耳式山墙。一进天井庭院两侧的廊顶正脊为龙船脊，垂脊为翘角脊。与主体建筑一样，正脊上置琉璃鳌鱼，垂脊端部上置琉璃狮子蹲兽，十分灵动。

整座祠堂建筑墙身青砖石脚（红砂岩），屋面素红瓦板、碌灰瓦筒，绿色琉璃滴水、瓦当剪边。头门门廊左右有包石鼓台，石雕檐柱间架、门枕石，大木抬梁、柁墩画栋雕梁。二进前檐两边为红砂岩檐柱和明清古栏杆，殿堂十架抬梁，更显气势。古朴宏伟，雅致典雅，空间开敞，气氛庄严，充分呈现出明代的建筑风格和岭南祠堂的特色。

明崇祯十三年（1640年）和清光绪三年（1877年）对祠堂进行过重修，至今仍保留着明代的建筑形制、梁架结构、材料和工艺手法。

▶ 苏氏宗祠位于东莞市南城区胜和蚝岗大围。苏氏宗祠坐西向东，是东莞市区内规模最大、保存最完整的一座祠堂

苏氏宗祠

▲ 苏氏宗祠第二进中堂

▲ 苏氏宗祠第三进祖堂

▲ 苏氏宗祠左侧庭院，中轴房屋山墙和廊墙

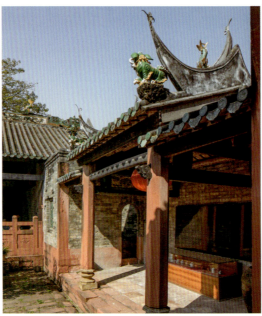
▲ 苏氏宗祠天井右廊

▲ 苏氏宗祠前门朝南，中轴屋顶为硬山顶，山墙檐角飞翘，正脊博古花鸟陶艺灰塑花脊，左右次路的厢房山墙为广府镬耳山墙

▲ 苏氏宗祠第四进后书楼，檐廊红砂岩立柱，叠梁架

▲ 苏氏宗祠第二进中堂叠斗木梁架，檐廊红砂岩立柱、额枋，浮雕石栏板栏杆

▲ 苏氏宗祠头门大门左右有包石鼓台，石立柱、额枋，叠斗木梁架的柁墩、穿上刻有精美的人物故事和端兽贴金图案

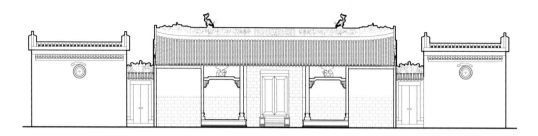

▲ 苏氏宗祠－一进正立面图

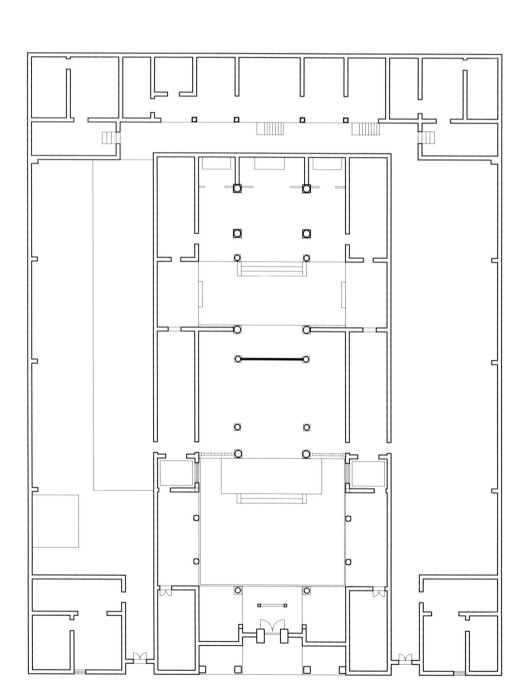

▲ 苏氏宗祠－平面图

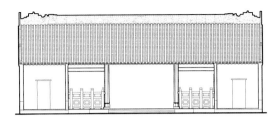

▲ 苏氏宗祠－二进正立面图

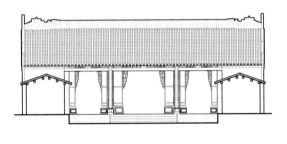

▲ 苏氏宗祠－三进正立面图

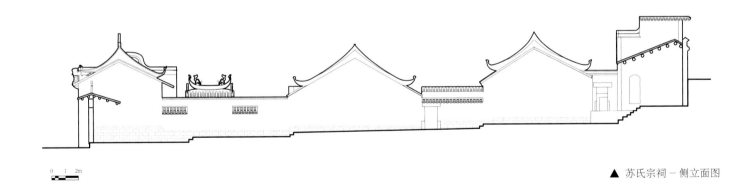

▲ 苏氏宗祠－侧立面图

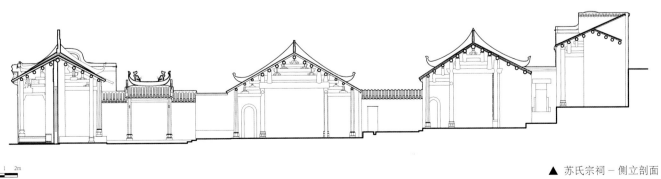

▲ 苏氏宗祠－侧立剖面

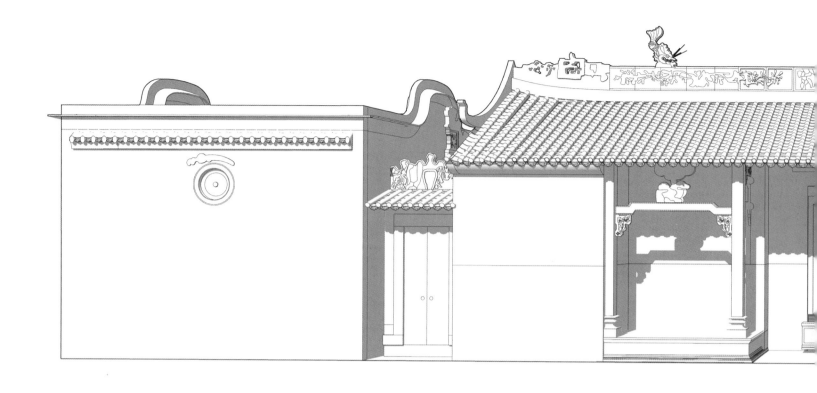

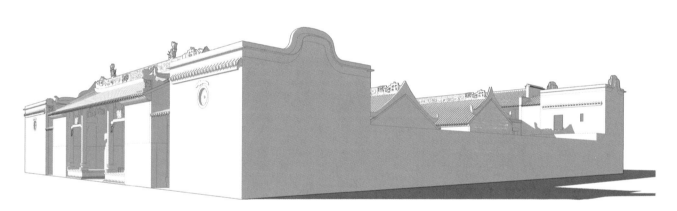

▲ 苏氏宗祠－低点透视图（1）

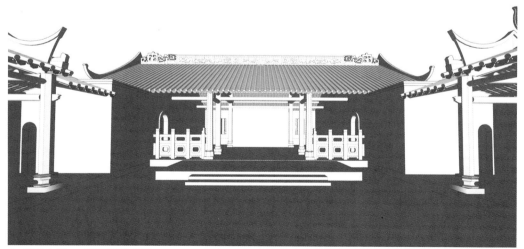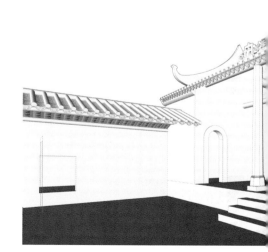

▲ 苏氏宗祠－二进正面透视图

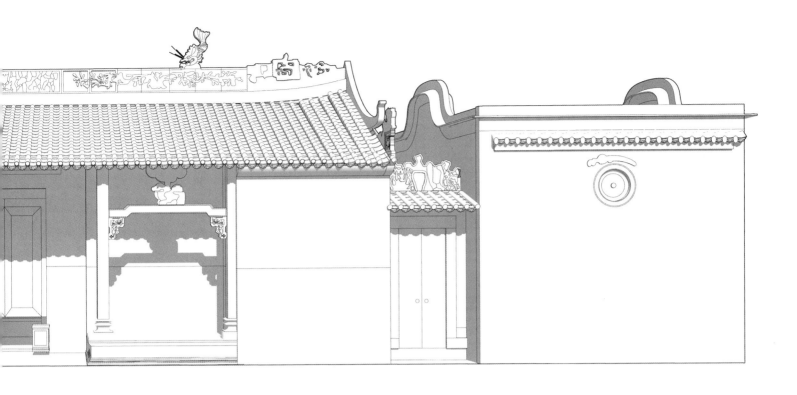

▲ 苏氏宗祠－正面透视图

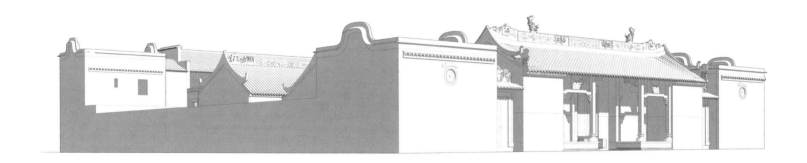

▲ 苏氏宗祠－低点透视图（2）

▲ 苏氏宗祠－三进侧面透视图

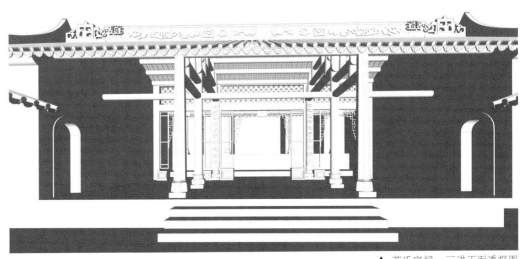

▲ 苏氏宗祠－三进正面透视图

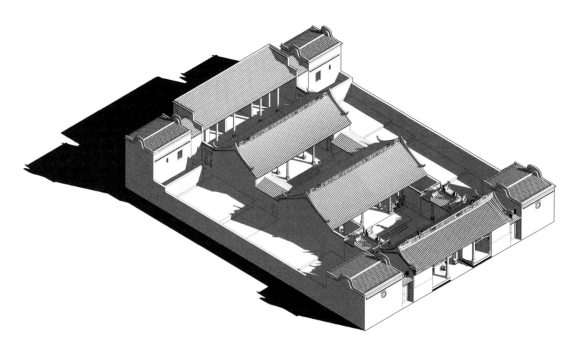

▲ 苏氏宗祠－鸟瞰透视图（1）

▲ 苏氏宗祠－鸟瞰屋脊透视图

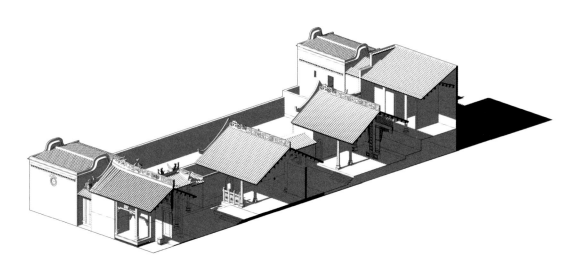

▲ 苏氏宗祠－鸟瞰侧立剖面透视图

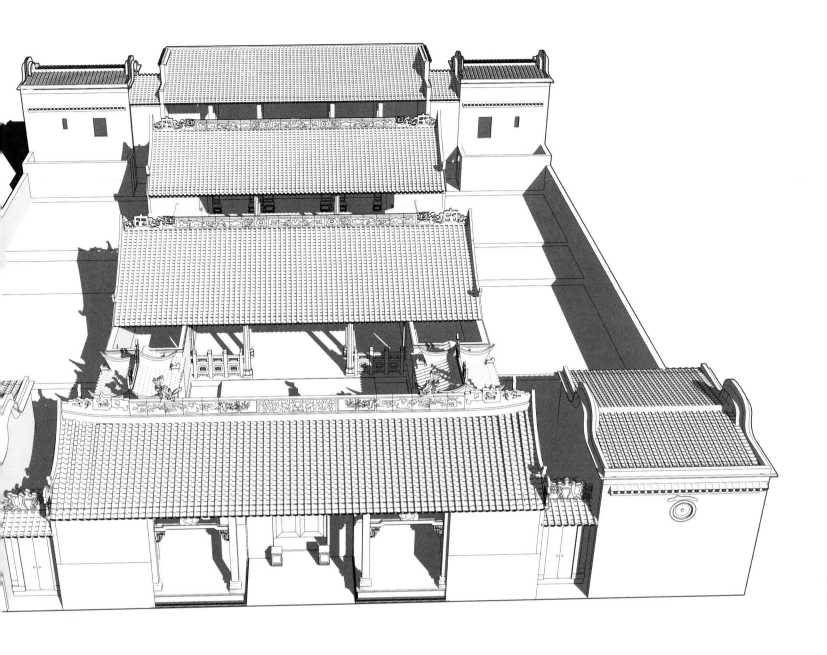

▲ 苏氏宗祠－鸟瞰透视图（2）

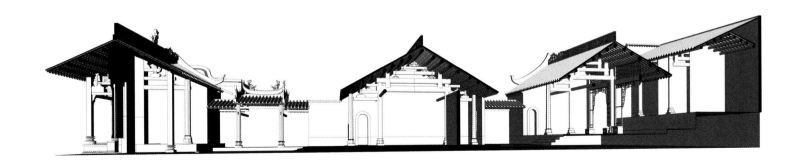

▲ 苏氏宗祠－侧立剖面透视图

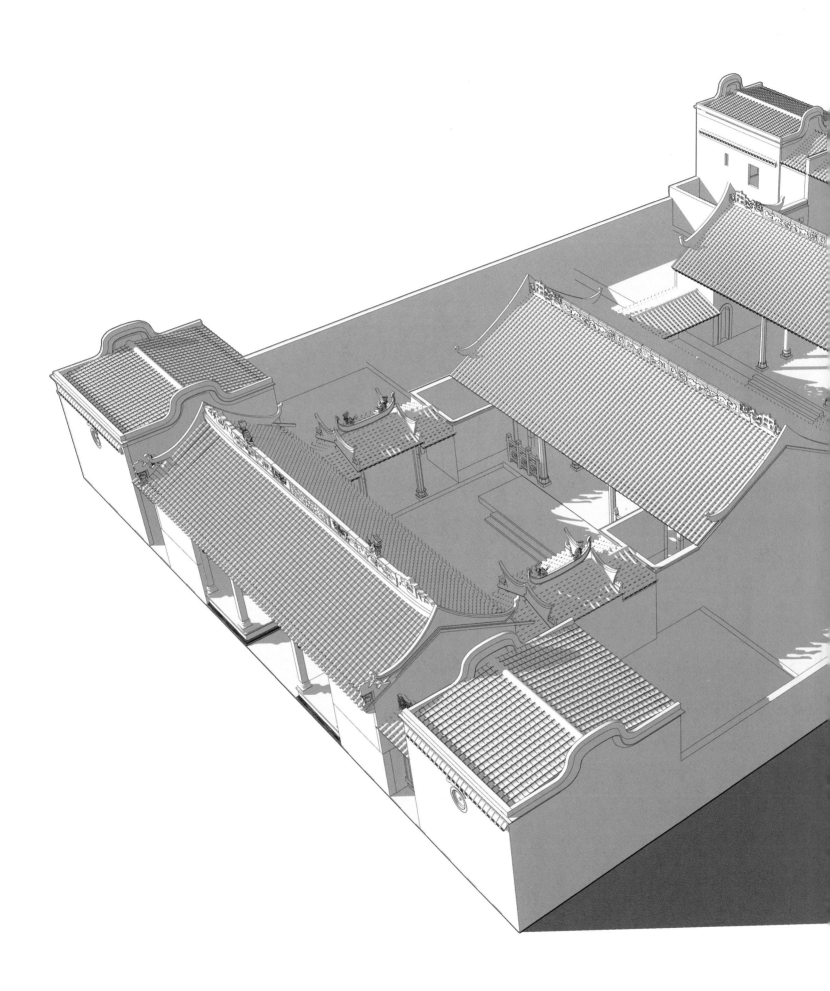

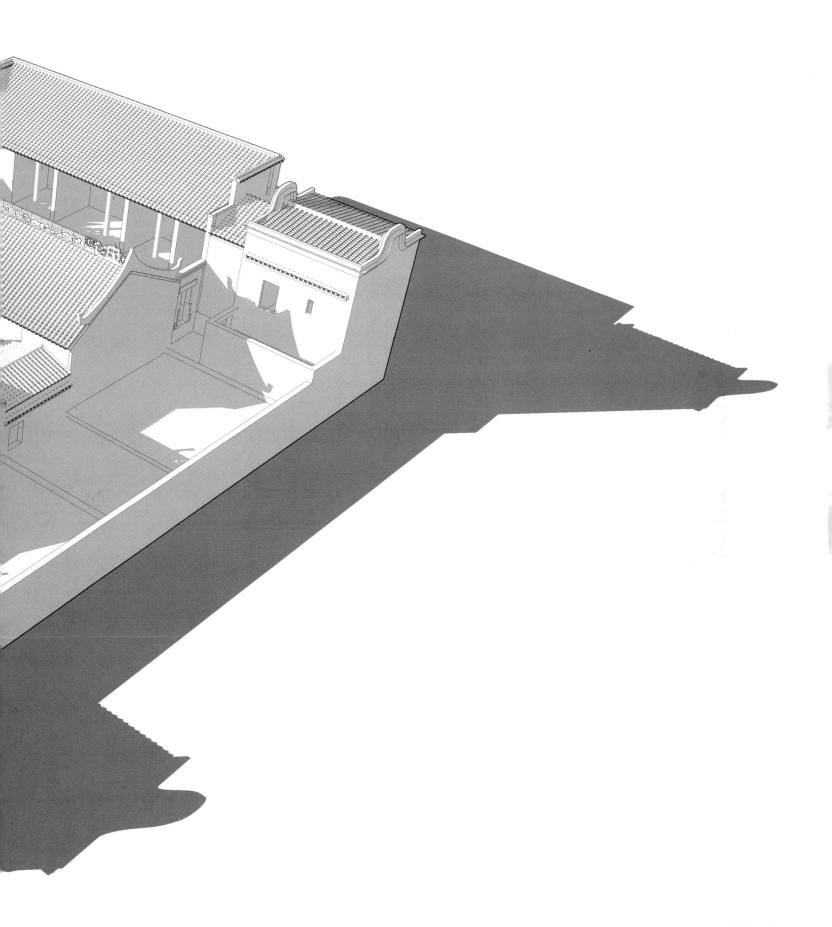

▲ 苏氏宗祠－鸟瞰透视图（3）

参考文献
Reference

[1] 曾宪川.陆琦.廖江陵.岭南经典传统民居 BIM 数字化图录 [M].北京：中国建筑工业出版社，2019.
[2] 李台然.曹劲.孙礼军.郭伟佳.岭南古建筑群修缮工程设计图录 [M].北京：中国建筑工业出版社，2016.
[3] 汤国华.岭南历史建筑测绘图选集（一）[M].广州：华南理工大学出版社，2004.
[4] 陆琦.广东古建筑 [M].北京：中国建筑工业出版社，2015.
[5] 程建军.梓人绳墨 [M].广州：华南理工大学出版社，2013.
[6] 傅华.崔俊.倪韵捷.图解岭南建筑 [M].香港：香港中和出版有限公司，2021.
[7] 王发志.岭南学宫 [M].广州：华南理工大学出版社，2011.
[8] 王发志.阎煜.岭南书院 [M].广州：华南理工大学出版社，2011.
[9] 徐涵.蔡倩仪.南粤古驿道保护修复及其文化景观设计探究.
[10] 程小红.南粤古驿道：岭南文化的源头 [J].人民周刊订阅，2019.
[11] 陆琦.蔡宜君.南粤古驿道与传统村落人文特色 [J].中国名城，2018(4)：88-96.
[12] 胡巧利.光孝寺 [M].广州：广东人民出版社，2005.
[13] 程建军.古建遗韵 [M].广州：华南理工大学出版社，2012.
[14] 崔俊.倪韵捷.岭南建筑 [M].广州：广东人民出版社，2020.
[15] 郭晓敏.刘光辉.王河.岭南传统建筑技艺 [M].北京：中国建筑工业出版社，2018.
[16] 陈明达.《营造法式》辞解 [M].天津：天津大学出版社，2010.
[17] 林剑纶.李仲伟.海幢寺 [M].广州：广东人民出版社，2007.
[18] 程建军.岭南古代大式殿堂建筑构架研究 [M].北京：中国建筑工业出版社，2002.
[19] 毕小芳粤北明清木构建筑营造技艺研究 [D].华南理工大学，2016.
[20] 王平.岭南广府传统大木构架研究 [D].华南理工大学，2018. [M].广州：华南理工大学博士论文，2018.
[21] 刘莹.蔡军.《营造法原》中厅堂大木构架分类体系研究 [J].华中建筑，2012:129-133.
[22] 王发志.阎煜.岭南祠堂 [M].广州：华南理工大学出版社，2011.
[23] 王河.中国岭南建筑文化源流 [M].武汉：湖北教育出版社，2016.
[24] 陆琦.广东民居 [M].北京：中国建筑工业出版社，2008.
[25] 罗雨林.广州陈氏书院 [M].广州：岭南美术出版社，1994.
[26] 清代地方官署旧址巡礼.
[27] 地方志所见肇庆端州区官署建筑变迁研究.
[28] 孙方婷.许志坚.杨远丰.基于 BIM 技术的岭南传统民居数字化建设 [J].南方建筑，2021(2).
[29] 张福坤.古代建筑等级与法律运作的符号表达，检察日报，2013.
[30] 薛颖.广府地域性的砖雕艺术 [J].南方建筑，2013(3).
[31] 吴福珍.浅析岭南古村落中的砖雕和木雕民俗特色 [J].美术教育研究，2021(2).
[32] 朱雪梅.图说羊城岭南文化 [M].广州：广东旅游出版社，2021.
[33] 陆元鼎.南方民系民居的形成发展与特征 [M].广州：华南理工大学出版社，2019.
[34] 曾云.保护和传承岭南建筑文化完善历史建筑档案 [J].广州：城建档案，2013(1).
[35] 周乾.太和殿 [M].上海：上海人民出版社，2020.
[36] 苏万兴.图释香港中式建筑：第二版 [M].香港：中华书局（香港）有限公司，2020.